재정학과 실무

실무

김종권

PUBLIC FINANCE AND PRACTICE

박영사

본서는 재정학에 대한 이해를 쉽게 하고 학생들이 취업 이후에도 실무에 도움이 될 수 있게 하기 위한 내용으로 구성하였다. 특히 재정학은 애덤 스미스와 케인즈 등 전통 경제학 분야에서 탁월한 업적을 쌓은 학자들이 기여한 바가 크다. 또한 영역 측면에서도 공공경제학과 미시 및 거시경제학 분야 그리고 각종 사회과학과도 연계하여 발전해 나가고 있다.

이와 같은 재정학은 최근 들어 세계적인 금융위기 시에도 금융정책(monetary policy)과 동시에 경제 안정화에 기여하는 재정정책에도 탁월한 토대를 제공하기도 하였다. 향후에도 경제 안정화와 소득의 재분배 기능, 경제적인 효율성 분야에서 많은 실천적 발전이 기대되고 있는 분야이기도 하다.

본서는 그 동안의 재정학 분야가 이론에 치우친 느낌이 없지 않아서 학생들이 취업 후 실무 분야에 들어갈 때는 이 재정학 분야가 실무에 어떻게 적용될 수 있는지에 대하여 잘 알지 못할 수도 있다는 것에 대하여 염두에 두고 작성하였다. 즉 세계적인 금융위기 시에도 재정학이 금융정책과 동시에 어떻게 경제 안정화에 기여했는지 그리고 어떠한 자료를 찾아봐야 확인할 수 있는지와 관련하여 세밀하게 국제통계뿐만 아니라 국내 지역 통계까지 소개하고자 하였다.

그리고 각종 자격증을 준비할 때에도 응용문제들이 출제될 것을 대비하여 재정학 이론과 연관성이 있는 문제에 대한 추론을 쉽게 할 수 있도록 배려하였다. 이에 따라 본서는 재정학과 중앙 및 지방재정, 재정정책과 공공재의 균형, 정부 및 공공, 민간부문의 적정 규모, 공공선택 및 조세 체계로 나누어 정리하였다. 이에 걸맞게 재정학의 목표와 영역으로부터 시작하여 중앙 및 지방정부의 역할과 재정학, 재정정책과 소득 분배의 공정성, 공공재, 공공재와 균형, 선호관계, 정부의 기능과 공공 부문의 성장, 경제 성장 및 공공 부문의 역할, 공공선택 및 조세 체계 등에 대하여 연구하였다.

본서가 출간될 수 있도록 세심한 배려를 해주신 박영사 회장님과 손준호 대리님께 우선 감사의 말씀을 드린다. 또한 신한대학교에서 편하게 집필 작업을 할 수 있도록 연구 활동에 모든 측면을 도와주신 김병옥 총장님께도 무한한 감사의 말씀을 드린다.

그리고 본서가 출간되는 데 처음부터 끝까지 함께 해주시는 하나님과 저의 모든 가족들에게도 따뜻한 용기와 격려의 말씀에 감사드린다. 본서를 통하여 공부하는 모든 학생 분들에게도 많은 감사를 드린다.

2017년 12월

김종권

PART 3. 정부 및 공공, 민간부문의 적정 규모

PART 4. 공공선택 및 조세 체계

PART

1

재정학과 중앙 및 지방재정

chapter 01
재정학의 목표와 영역

제1절

재정학의 목표

재정학의 목표는 공공 재정 문제와 관련된 것이다. 재정학은 재정학과 관련된 주제에 대한 기본 개념을 제시하고 내용에 대해 다룬다. 특히 이 절에서는 경제 이론에 대한 공공 재정의 연계성을 이해하기로 한다.

공공 재정 문제는 공적경제학(public economics)에서 주로 취급되는 문제와 관련이 되어 있다. 특히 이는 기존의 재정활동과 관련되어 있는 공적재무(public finance)의 영역과도 연결되며, 이와 관련된 연구는 재정건전화 등의 정부 및 공공기관의 공적인 세입관련 및 세출관련의 경제행위 범위와 맞닿아 이어진다. 그리고 1920년대의 미국을 중심으로 한 글로벌 경제위기 및 침체를 탈출하고자 거시적인 접근법이 도입되고, 이에 연계된 학문들이 자리를 잡게 되었다.

또 한편으로는 현실경제에서 이와 관련하여 미국의 경우 거시 경제적이며 적극적 재정활동과 관련된 정치적인 과정 및 이러한 경제위기의 극복 이후 극복과정에서의 경제 활성화에 초점을 둔 정치적인 리더십(leadership)에 따라 정부 및 정당이 나뉘어 재정적인 정책들이 집행되고 있다.

즉 대통령선거 등에서 특정 정당은 그 정당이 고유로 내세우는 이념들이 있으며, 흔히 미국의 경우 민주당 정부는 저금리로 정책으로 대변되는 서민생계와 관련된 이슈들이라면 공화당 정부는 기업 활동의 자유와 관련된 법인세와 관련된 것 등 서로 대별되는 것이다.

미국을 중심으로 세계 경제에 있어서 금융 및 재정 부문의 적극적인 협조가 향후에 있을 금융 및 경제의 불안정성을 해소하는 안정화 정책의 핵심적인 요소로서 자리매김하고, 국가 간 상호 협조하는 국제적인 재정 관리의 필요성도 대두되고 있다.

그림 1-1 미국의 금리 T/Bill 6개월과 T/Note(5년) 추이　　(단위: %)

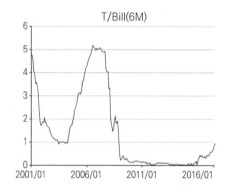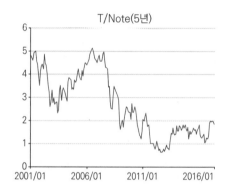

그림 1-2 미국의 금리 T/Note(10년)와 T/Bond(30년) 추이　　(단위: %)

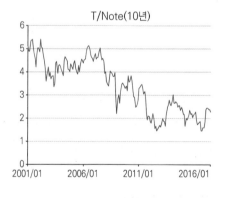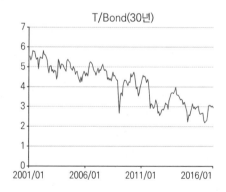

한국은행의 경제통계시스템을 통하여 2001년 1월부터 2017년 4월까지의 〈그림 1-1〉과 〈그림 1-2〉에서 미국의 금리 추이를 살펴보면, T/Bill 6개월부터 T/Bond

(30년)까지 비교해 볼 경우 미국의 향후 금리 추세가 계속적으로 하향 안정세로 접어들 것으로 보인다.[1]

금리의 추세는 기업들의 실적이 반영된 결과로도 볼 수 있기 때문에 향후에도 기업들의 업황 개선이 갑작스럽게 상향 전환(turn)할 가능성이 크지 않다는 것을 보여주고 있다. 이에 따라 일자리 창출과 같은 정부의 당면과제를 해결하기 위해서는 공공 재정(public finance)의 적극적인 개입이 향후에도 필요할 것으로 판단되어 재정학의 중요도가 그리 작지는 않을 것으로 판단된다.

한국의 경제는 농업국가에서 근대화, 산업화 및 개발도상국가의 경험을 거치면서 공공재화 즉 교량, 도로, 운하, 항만 등의 건설이 필요하였으며, 최근 들어 선진국형으로 진입하면서는 저출산 및 고령화 사회의 대처를 위한 공공서비스의 제공 등이 늘어나고 있다. 특히 개발도상국가 단계에서의 공공재화 공급보다 최근의 선진국형으로의 진입에 따른 공공서비스의 공급이 보다 가파르게 증가하고 있다.

경제학에서는 밀튼 프리드먼을 중심으로 하는 통화주의자와 같은 낙관주의 혹은 시장의 자율적인 메커니즘을 중시하는 학파가 중요하게 정책에 반영되는 경우도 있지만, 케인즈학파와 같이 인위적인 경기부양과 같은 정책을 중시하는 적극적인 정부개입을 요구하는 측면이 반영되고 있기도 하다.

이러한 재정학과 관련된 주요 용어로는 공공 재정, 공공 부문, 공적 수입, 공공 지출, 공공 기금의 기능, 집단주의, 개인주의, 배분 기능, 재분배 기능, 안정화 기능, 시장 실패, 로렌츠 커브, 지니 계수, 비 선택적, 환불 불가, 비 동일성 등이 있다.

이러한 비 선택적인 부분에서 무임승차의 문제 등이 공공 부문에 있어서 발생하고, 이는 시장 실패적인 문제로도 연결되고 있다.

시장 실패는 주로 공공부분에서 발생하는 것이다. 예를 들어 외부적인 불경제성과 관련된 매연과 관련된 문제와 건강비용과 관련된 것 등 사적재화를 다루는 영역과는 차원이 다른 형태로서 전개되는 것이다. 이에 대한 대처방안으로서 지출되는 공공 지출과 관련된 것은 다음 그림과 같다.

---

1 http://ecos.bok.or.kr/

재분배 기능은 경제의 생산과 소비부문의 효율성(efficiency)과 이들의 종합적인 효율화와 관련된 것이지만, 효율성이 달성되었다고 하여 자동적으로 달성되는 것이 아니기 때문에 정부의 조세정책을 기반으로 하는 적극적인 개입이 요구되는 기능(function)과 관련된 것이다.

그림 1-3 정부의 지출 및 순융자와 경상지출의 현황 (단위: %)

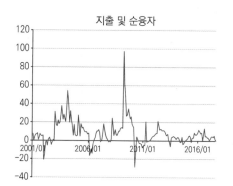
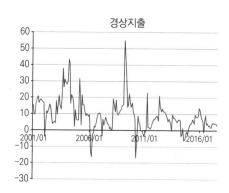

그림 1-4 정부의 자본지출과 순융자 현황 (단위: %)

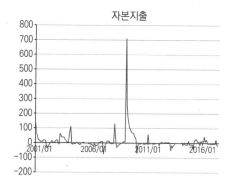
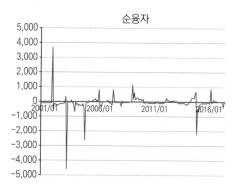

한국은행의 경제통계시스템을 통하여 2001년 1월부터 2017년 3월까지의 〈그림 1-3〉과 〈그림 1-4〉에서 정부의 지출 및 순융자, 경상지출, 자본지출, 순융자 현황을 살펴보았다. 정부 지출의 경우 미국과 유럽의 금융위기와 같은 외부적인 요인

이 발생하였을 경우 한국의 경우에도 경제에 미칠 파장을 우려하여 재정지출을 확장적으로 가져갈 수 있음을 실제 데이터(data)에서 보여주고 있다.

이는 재정투자의 고원화 현상에 대한 최근의 학자들의 연구와 맞닿아 있는데, 이는 농업국가에서 개발도상국가, 그리고 선진국형에 진입하는 과정에서 가파르게 늘어나는 재정적인 지출/국내총생산에서 미국과 유럽의 금융위기와 같은 외부적인 요인이 생기면 이전과 달리 갑작스럽게 지출 규모가 훨씬 늘어났다가 일정하게 유지되는 현상을 의미하고 있다.

그리고 재정학과 관련된 경제학은 미시 및 거시 경제학, 정치 및 관련된 기본 방향 등이 연계성을 이루고 있다.

1930년 이후 미국의 사상 초유의 극심한 경기침체기를 탈피하고자 뉴딜의 정책에 따른 과감하고도 적극적인 정부 개입이 요구될 당시에 재정학 분야에 거시 경제적인 타당성이 도입되기 시작하였던 것이다.

재정학 분야는 주로 거시 경제학 분야보다는 미시 경제학 분야와 직접적인 연관성을 갖고 있다. 즉 사회적 비용이 주로 기업들과 연계하여 발생하기 때문에 공공부분에서 해결하여야 하는 문제와 직결되고 있다. 그리고 거시 경제학은 주로 금융 등 전반에 걸쳐 관련되어 있어 재정학과 직접적인 관련성은 미시 경제학 분야보다는 적다고 할 수 있겠다.

하지만 위에서도 지적한 바와 같이 국가적인 차원에서 해결할 수밖에 없는, 자율적인 시장에 의한 가격 메커니즘이 제대로 작동되지 않는 금융위기 등이 세계적으로 확산이 된다든가 또는 전쟁과 같은 극심한 인프라 고갈 사태 등이 발생되면 미시 경제학적인 메커니즘보다는 국가의 적극적인 시장 개입이 요구되는 거시 경제적인 토대가 재정학에서도 연결성으로 이루어진다는 것을 간과할 수는 없다.

한국은행의 경제통계시스템을 통하여 2003년 1월부터 2009년 7월까지의 〈그림 1−5〉과 〈그림 1−6〉에서 국내 주요 업종별 업황 현황(음식료품, 전기기계, 자동차, 사업서비스업)들을 살펴보았다. 이를 토대로 살펴보면, 기업들의 업종들의 경우 2008년 이후 미국과 유럽의 금융위기에 영향을 받아 경기에 민감한 업종 즉 수출위주의 업종, 인덱스형 주식의 변동성(volatility)이 커지는 현상을 발견할 수 있었다. 여기에

그림 1-5 국내 주요 업종별 업황 현황(음식료품과 전기기계)

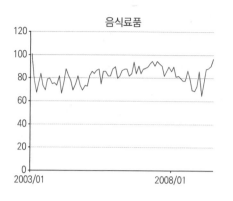

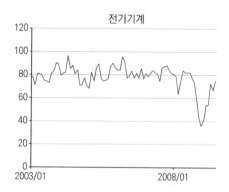

그림 1-6 국내 주요 업종별 업황 현황(자동차와 사업 서비스업)

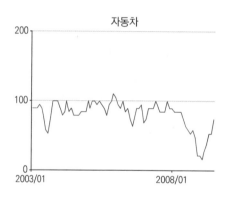

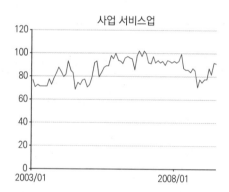

대표적인 업종이 한국의 주력 수출업종인 전기기계, 자동차 등이다. 이에 반하여 내수 위주의 음식료품이나 사업 서비스업의 경우에는 견조한 흐름을 이어나갔음을 알 수 있다. 이에 따라 정부의 재정정책 및 재정지출도 그 때 상황에 맞게 하부구조(infra structure)를 지원해 나가야 함은 물론이다.

이와 같은 2008년 이후 미국과 유럽의 금융위기의 상황에 있어서는 재정정책도 중요하지만 위에서 지적된 바와 같이 금융정책(monetary policy)을 동시에 실시하여야 보다 효과적인 것이다. 이는 경제의 안정적인 효과를 가져 올 수 있는 것이며, 대기업과 중소기업으로 나누어 보다 효과적인 정책을 가져오는 것도 중요한 것이다. 그리고 우리나라가 수출주도형의 인덱스형 그리고 보다 시가총액이 큰 업종들도 있고, 중소기업과 같이 내수위주이지만 고용창출 효과가 큰 업종 등이 혼재하여 있어서 이들에게도 세부적으로 나누어 세밀한 정책방향이 필요할 것으로 보인다.

특히 예를 들어 2017년 이후의 한국과 미국의 FTA 재협상 논의 과정이 진행되고 있는 것과 같이 정치 및 경제적인 대내외 불확실성이 커질 경우에 있어서는 산업 및 관계, 학계 등이 유기적으로 종합적인 대책들에 대하여 협력하고 지혜를 모아 좋은 대처 방안들을 세워나가야 하는 시점으로 판단된다.

그림 1-7 국내 주요 업종별 업황(식료품과 전자·영상·통신장비)(2009년 8월부터 2017년 5월)

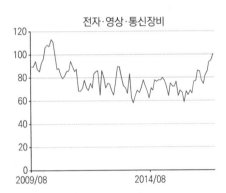

그림 1-8 국내 주요 업종별 업황(자동차와 서비스업)(2009년 8월부터 2017년 5월)

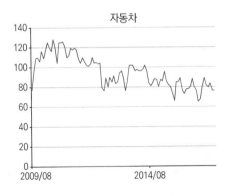
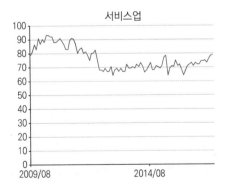

한국은행의 경제통계시스템을 통하여 2009년 8월부터 2017년 5월까지의 〈그림 1-7〉와 〈그림 1-8〉에서 식료품과 전자·영상·통신장비, 자동차, 서비스업 등의 현황을 살펴보았다. 이를 살펴보면, 전자·영상·통신장비의 실적개선으로 업황이 좋아지고 있는 것을 확인할 수 있었다.

하지만 자동차의 경우 대외적인 경쟁이 치열해지면서 우리나라의 주력 수출품목 이자 업종이면서도 업황이 침체국면을 지속하고 있는 것으로 나타났다.

이에 따라 향후 우리나라를 대표할 수 있는 성장동력군의 산업에 대하여 정부는 선제적인 재정투융자를 지속해 나갈 필요성이 있으며, 아울러 이들 산업이 성장하여 수출이 이루어질 때 탄력관세제도에 있어서 불공정무역에 관련될 수 있기 때문에 이들 관세제도에 대한 대비책도 염두에 두고 정부는 산업육성의 계획과 수출의 계획 등의 분류와 통상외교 정책도 동시에 잘 준비해 두어야 한다.

재정적인 정책의 집행과정에 있어서도 염두에 두어야 할 것은 미래동력산업 즉, IOT와 태양광사업, 로봇, 2차연료전지 등의 투자에 있어서도 관세법 내지 관세정책과 병행하여 잘 살펴보아야 한다는 것이다. 이는 향후에 발생할 수 있는 무역상대국과의 관세정책에 있어서의 무역분쟁에 대비하여야 함을 의미한다. 이와 같은 정책에 있어서는 FTA 체결과 같은 외국과의 조약과 같은 협정의 체결에 있어서도 만반의 준비를 해나가야 함은 물론이다.

또한 2017년에도 한국과 중국에 있어서 고고도 미사일인 사드배치와 관련된 정치적인 이슈가 경제적인 이슈에 맞닿아서 현대자동차의 경우 중국 현지와의 유대감의 강화 정책을 세운다든지 하는 기업단위의 전략도 세부적으로 많은 변화를 겪고 있다. 이와 같이 지정학적인(geopolitical) 이슈들이 제기될 때의 정부의 거시 및 미시적인 금융 및 재정정책도 이러한 변화에 맞추어 세부적인 대응 방안을 마련해 나가야 한다.

이와 관련하여 재정학의 기본 개념과 연계되는 측면, 재정 이론의 발전, 공공 부문의 시장경제와의 연계, 공공 재정-개발의 원인 등의 분야까지 폭넓게 이어진다.

공공부문의 경제와의 연계성은 주로 외부적인 문제와 연결되는데, 외부적인 경제성과 외부적인 불경제성 등의 형태로 이어진다. 여기서 외부적인 경제성(external economy)은 비록 외부적으로 시장경제에 전혀 예상치 않은 결과를 가져다주지만 긍정적인 부분이고, 반면에 외부적인 불경제성(external diseconomy)는 부정적인 결과를 초래하여 불필요한 사회적인 비용을 초래하게 되는 부작용을 시장경제에 가져다주는 것이다.

공공부문의 경우 사적 영역과 달리 무임승차(free rider)와 관련된 것 등 사적인 영역에서 해결하기 어려운 문제들의 해결과 관련되어 있다. 이에 따라 정부의 적극적인 개입이 요구되는 것이 재정학의 연구 분야인데, 이에 따른 부작용으로 정부의 실패가 발생되기도 한다. 한편 무임승차는 결국에 국가 개개인들에게 비용의 형태로 돌아오게 되고 이는 다시 세금과 관련되어 국민 개개인들에게 부담 요인으로 작용할 수밖에 없는 문제로 직면하게 된다. 이에 따라 정부의 개입이 요구되는데, 결국 무임승차적인 문제는 국가적인 시스템 상에서 그리고 비용 보다 편익 또는 국민 이익이 더 큰지를 판단해야 하며, 비용보다 편익 또는 국민 이익이 더 크다면 공공재화 또는 공공적인 서비스를 제공하고 정부 차원에서 무임승차적인 문제까지 해결해 나가는 방법을 모색하게 된다.

한국은행의 경제통계시스템[간편검색]을 통하여 〈그림 1-9〉와 〈그림 1-10〉에서 2000년부터 2015년까지의 조세총액, 국세합계, 내국세, 직접세 현황을 살펴보았다. 이를 살펴보면, 지속적인 상승세를 보이고 있으며, 미국과 유럽의 금융위기 등의 여파가 미칠 경우에는 우리나라의 세제상에도 변화양상을 주는 것을 알 수 있었다. 여기서 〈그림 1-9〉와 〈그림 1-10〉는 조세징수액과 관련된 것으로, 단위는 억원이다.

공공 재정은 공공 행정의 모든 구성 요소의 실용적인 활동과 이론적인 영역인 2가지 수준으로 이해될 수 있다. 공공 재정은 세금을 기반으로 구성될 수밖에 없는데, 이는 사적 재화의 공급과는 달리 국민들의 투표(vote)에 의하여 선택을 받게 되는 것이다.

즉 미국의 경우 작은 정부와 기업들의 활동성을 늘려주는 법인세의 경감 등의 정책을 취하는 정부를 선호하게 될지 또는 정부의 적극적인 시장개입을 늘려주어 고소득계층보다 저소득계층에게 혜택이 더 돌아가게 하는 분배문제에 적극적인 정

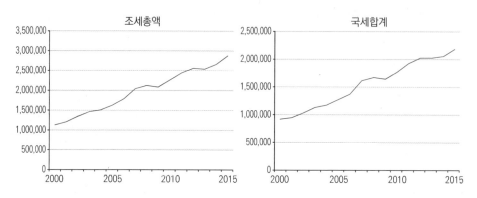

그림 1-9 조세총액과 국세합계 현황(2000년부터 2015년)

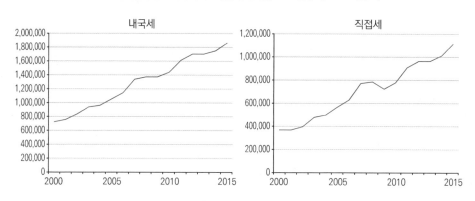

그림 1-10 내국세와 직접세 현황(2000년부터 2015년)

부를 선택할지는 국민들의 손에 달려 있는 것이다. 하지만 어느 경우에 있어서도 공공재화와 공공서비스의 적정규모에 대한 선택은 쉽지 않은 과정이며 위에서도 지적한 바와 같이 결국에 있어서 선거에 의한 국민들의 의지와 의사결정(making decision)의 과정에 놓여있게 된다.

한편 이러한 공공 재정 부분은 중앙 정부와 지방 정부로도 나눌 수 있고, 이는 GRDP와 같이 지역통계생산 등 지역 간의 지방세와 지방자치 구조까지 연결되는 구조를 갖고 있다. 다시 말하여, 이 부분은 경제학과 행정학 분야 그리고 더 나아가 사회학, 정치학, 정책학 분야에까지 연결되는 광범위한 영역에 놓이게 되는 것이다. 이는 선거 등과 관련된 영역까지 이르는 매우 포괄적인 의미들을 내포하게 된다.

지금 전개되고 있는 한국의 정부정책 방향도 더 이상 성장위주의 정책보다는 성장을 통한 양질의 일자리창출과 이에 대한 소득분배를 중시하는 소득주도 또는 적극적인 재정정책을 포함하는 금융 및 재정정책의 포괄적인 접근으로 나아가고 있다. 또한 국가적인 시스템도 이와 연결되는 행정적인 분야의 집행으로의 연계성이 이어질 것으로 판단된다.

한국은행의 경제통계시스템[간편검색]을 통하여 〈그림 1−11〉과 〈그림 1−12〉에서 2000년부터 2015년까지의 조세징수액 중 소득세, 법인세, 간접세, 지방세 합계 현황을 살펴보았다. 이를 살펴보면, 대내외 경기변동(Business Cycles)에 의하여 직접적으로 영향을 받을 수 있는 법인세 등이 경기와 밀접한 관계를 나타냄을 알 수 있다. 반면에 간접세와 지방세 합계는 경기수준과 무관하게 꾸준한 상승세를 이어간 것으로 나타났다. 지방세의 경우에 있어서는 부동산 정책과 같은 실물경기 변동과도 직접적인 연계성을 갖고 있다. 이에 따라 정부의 세제 정책의 변화에 민감하게 움직일 수밖에 없으며, 이는 다시 재정정책과 금융정책 등과도 연결되는 구조를 갖고 있다. 재정정책과 관련된 세제 부분은 양도세와 보유세와 같은 민감한 부분이라면, 금융정책은 결국 DTI나 LTV와 같은 자금 사정과 관련되어 있다. 이러한 정부 정책의 변화 내지는 개선 등은 지방의 재정적인 세수와도 연결되어 있기 때

그림 1-11 조세징수액 중 소득세와 법인세 현황(2000년부터 2015년)

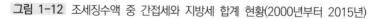

그림 1-12 조세징수액 중 간접세와 지방세 합계 현황(2000년부터 2015년)

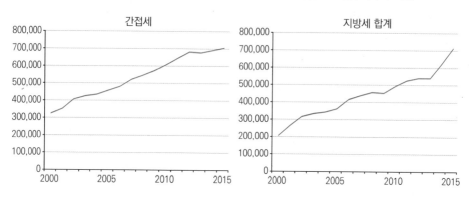

문에 정책의 변경에 국민들의 반응도 세밀히 관찰하여 정부의 개입에 따른 정부 실패가 발생되지 않도록 각별히 유념하여야 한다.

한편 간접세의 경우에는 저소득계층의 소득수준에도 영향을 미칠 수 있는 국민 모두와 관련된 세제이다. 정부의 경우 간접세의 경우에 있어서는 주로 종량적인 부분, 즉 크기와 부피 등 가격이나 이를 체계로 하는 임금 등의 종가적인 세제와 달라 고소득층뿐만 아니라 저소득계층에게도 많은 영향을 끼칠 수 있어서 효과 및 결과에 있어서의 방향에 대해 예의주시할 필요가 있다.

지방세의 경우에는 위에서 지적한 바와 같이 세제 및 이를 기반으로 하는 지방 행정과 밀접한 영향을 가지고 있다. 여기서 〈그림 1−11〉과 〈그림 1−12〉은 조세 징수액과 관련된 것으로, 단위는 억원이다.

특히 2018년과 같은 지방자치단체의 변화가 있는 시기에는 더욱 더 연관되어 지방정부의 행정 및 재정적인 관계가 밀접한 상호적인 작용을 하게 된다.

재정학에서 재정의 정의와 관련된 용어는 공공 행정기관과 기관(즉, 공공 부문 단체) 간에 일방적으로 운영되는 특정 재정적 관계와 기능의 식별 및 경제 시스템의 다른 단체와의 상호 작용으로 정의될 수 있다. 이와 다른 당사자 즉, 사기업(가계 및 회사 등)과는 다른 개념인 것이다.

하지만 적정한 규모에 의한 공공재화와 공공서비스의 공급에는 언제든지 경기변동과 국민들의 고통지수(실업률과 물가상승률) 및 지니계수 등과 연계되어 정책적으로 그리고 국민들의 투표에 의한 정부 선택에 있어서 중요한 의미를 지니고 있다.

공공 행정기관과 같은 공적시설 및 공적인 투자의 증가는 세수를 기반으로 하기 때문에 민간 부문의 위축을 초래할 수 있고 이는 다시 민간부문의 위축으로 인한 소득 및 소비 감소의 악순환이 되풀이 될 수도 있는 측면이 있기 때문에 심도 깊게 연구해 나가야 한다. 하지만 저출산고령화와 소득주도의 성장체계의 필요성과 같은 현재의 장기적인 경기침체의 원인 및 결과들이 일본경제에서와 같이 우리나라도 예외 없이 지속적으로 진행이 된다면 공공서비스의 공급과 관련된 중요한 정책 및 양질의 일자리 창출에 있어서 정부의 적극적인 시장개입이 요구되어질 수밖에 없는 현실이다. 소득주도의 성장체계는 그동안의 성장일변도의 정책적 한계에서 비롯된 부작용에서 탈피하기 위한 적극적인 재정정책의 필요성이 유럽의 일부 국가에서 연구되어 왔고 실천적으로 진행이 되고 있는 것이다.

위에서도 언급하였듯이 사적인 가계와 기업들의 영역과 정부부문의 역할을 분리할 수 있으며, 사적인 가계와 기업들의 영역에서 발생하는 시장의 실패적인 영역(market failure effect)과 관련된 문제 등에 집중하게 된다. 이는 경제성장의 국가 간의 단계와 현재 각 국가에 있어서 주력하고 있는 산업 분야와의 문제 등 포괄적으로 연계성을 지닐 수 있다고 판단된다. 즉 사적 영역에서 산업발전 단계 등에서 발생하는 불합리한 비용에 대한 조정 작용으로도 볼 수 있다.

시장의 실패적인 영역은 주로 공공재에 집중되고 있지만, 현재와 같이 공공서비스의 수요가 집중적으로 발생하는 시기에 있어서는 미국과 유럽, 일본 등 세계적인 저출산 및 고령화사회에 직면한 대부분의 국가에서 정부의 적극적인 역할을 요구하고 있는 상황이다. 이에 대하여 재정학의 연구도 보다 활발히 진행되면 정부의 정책적인 함의를 가지는 데에 좋은 참고 의견들이 제시될 것으로 판단된다.

한국은행의 경제통계시스템[간편검색]을 통하여 〈그림 1-13〉과 〈그림 1-14〉에서 1950년부터 2016년까지의 한국, 미국, 중국, 대만의 주요 각국별 국내 총투자율 현황을 살펴보았다. 여기서 데이터 시계열상의 입수와 관련된 문제로 인하여 한국은 1953년부터 2016년까지이고, 미국은 1950년부터 2016년까지이다. 중국은

그림 1-13 한국과 미국의 주요 각국별 국내 총투자율 현황

한국

미국

그림 1-14 중국과 대만의 주요 각국별 국내 총투자율 현황

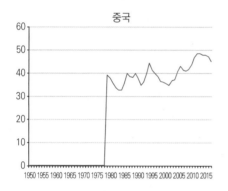

중국

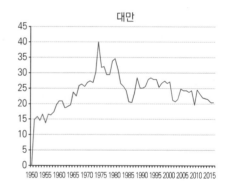

대만

1978년부터 2015년까지이며, 대만은 1951년부터 2016년까지 데이터이다. 그리고 단위는 %에 해당한다.

이를 살펴보면, 한국은 2000년대 이후 들어 국내 총투자율이 하락세를 나타내고 있고, 미국은 2010년대 이후 들어 국내 총투자율이 급격히 하락한 후 완만한 상승세를 지속하고 있다. 미국의 트럼프 대통령 이후 미국의 자국 내 국내 투자유치에 힘을 쏟는 것도 이와 관련성이 높은 것으로 보이고 있다.

트럼프 대통령은 한국과 미국의 FTA 재협상에서도 매우 적극적인 입장을 견지하고 있는데, 이는 외환정책 및 관세, 무역정책을 위시하여 미국의 사양산업과 같

은 자국 내의 산업구조에서도 시대에 맞는 합리적인 산업구조로의 개편이 얼마나 어려운지 보여주고 있는 것이다. 예를 들어 미국과 같이 고임금의 체계를 가진 국가는 자본집약적 산업에 비교 우위가 있기 때문에 정부의 입장에서는 이에 속한 산업에 대하여 집중적인 투자를 하고 인적 및 물적인 자원이 집중되는 것이 유리하지만 현실적인 세계에서는 이와 같은 이론적인 원리로만 작동되지 않는 어려움이 있기 마련이다.

중국은 6%대의 중속성장 정책 등이 나오고 있지만 여전히 높은 국내 총투자율의 양상을 나타내고 있다. 한편 한국과 경제규모가 비슷한 대만은 대략적으로 1990년대 이후 국내 총투자율이 하락세를 나타내고 있음을 알 수 있다.

제2절

재정학의 영역

중앙정부와 집행기관과의 관계 및 기능은 다음과 같은 특수한 것으로 간주될 수 있다. 이는 공공재 조달(생산 및 공급) 문제와 다양한 이동(특히 사회 영역에서)을 준비하고 자금을 지원하고 있다. 또한 경제에 존재하는 실체를 사회적으로 바람직한 행동으로 유도하기 위하여 위 데이터에서도 지적한 바와 같이 세금, 벌금, 보조금 및 기타 자극 및 비용 등을 통하여 사용하기도 한다. 이와 같은 구조가 결국 정부의 예산 및 지출구조와 연결되게 된다. 세금에 대한 의존도는 선진국(advanced countries) 간에 있어서도 유럽이나 미국, 일본 등에 따라 상이하기도 하다. 그리고 유럽 내부에서도 국가별로 차이가 나타나기도 한다. 사회보장(social security)의 확대와 이를 위한 재원 마련은 필수불가결한 요소이지만 앞에서도 지적한 바와 같이 과도한 조세 기반의 사회보장의 확대는 자칫 사적 또는 민간 경제(private economy)에 활력을 저해할 수도 있기 때문에 국민들의 소득수준과 감내할 수 있는 고통지수의 범위 내에 있는지 등을 면밀히 살펴보며 정책을 입안하고 실행해 나가야 하는 중요한 측면이 상존하고 있다.

특히 사회적인 영역에서 이동은 저출산 고령화와 관련된 복지예산의 증액 등 현재의 경제현황과 미래 사회에 대비한 측면 등 다양한 분야에서 검토가 이루어지고 있고, 수정 및 보완이 지속되어야 한다.

한국은행의 경제통계시스템[간편검색]을 통하여 〈그림 1−15〉에서 2000년부터 2015년까지의 조세징수액 중 부가가치세, 증권거래세, 관세와 2001년 1월부터 2017년 4월까지 통합재정수지 중 수입 현황을 살펴보았다. 이를 살펴보면, 부가가치세의 징수가 꾸준히 상승하다가 2015년 들어 하락한 것을 알 수 있다. 한편 미국과 유럽의 금융위기로 인하여 증권거래세는 2009년 들어 하락한 후 상승추세하고 등락한 후 2015년까지 상승추세 자체는 이어지고 있다. 반면에 관세로 인한 조세징수는 2010년 이후 지속적인 하락추세를 면하지 못하고 있어 재정수입으로서의 관세의 기능이 약화된 최근 양상을 알 수 있다.

관세의 경우 재정적인 수입에 의한 확대는 자칫 국가 간의 무역 분쟁을 초래하는 결과도 초래할 수 있어서 바람직하지 않다. 또한 국가의 발전 단계에서도 우리나라는 개발도상국가에서 선진국형으로 진입하고 있고 OECD의 국가인 만큼 관세로 인한 재정적인 수입의 확대에 대한 의존도가 높다는 것은 바람직하지도 않은 상황이다.

한편 〈그림 1−15〉와 〈그림 1−16〉에서 통합재정수지 중 수입 현황을 살펴보면, 2009년 정도에서 미국과 유럽의 금융위기 시에 변동 폭이 확대되었다가 최근 들어서는 약간의 상승 기조를 보이는 것을 알 수 있다. 이와 같이 미국과 유럽의 금융위기 시에는 우리나라뿐만 아니라 미국을 비롯한 주요 선진국들에 있어서는 재정정책 이외에 금융정책의 적절한 혼합정책(policy mix)으로서 적극 대처해 나갔으며 이를 계기로 세계적인 경제의 안정에 기여한 바가 크다. 이와 같이 정부의 정책의지가 중요하고 또한 적절한 타이밍에 맞춰서 정부 정책의 입안과 실행이 뒤따라야 한다.

특히 2017년 현재와 같은 지정학적인(geopolitical) 문제까지 덧붙여질 때에는 이러한 세밀한 정책 타이밍이 아주 중요한 시기로 판단된다. 최근 들어 지정학적인

(geopolitical) 문제가 주식시장과 같은 경제에 영향을 주지는 않았지만 2017년도의 경우에 있어서는 주식시장에도 일시적이라도 영향을 주었으므로 이러한 복합적인 대내외 변수들의 움직임도 정부의 정책입안자들은 주시해 나가야 할 것이다.

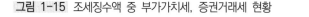

그림 1-15 조세징수액 중 부가가치세, 증권거래세 현황   (단위: 억원)

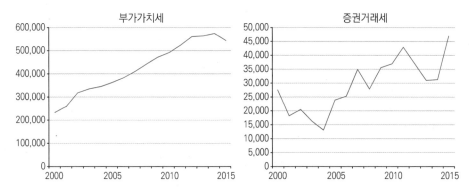

그림 1-16 조세징수액 중 관세(단위: 억원)와 통합재정수지(단위: %) 중 수입 현황

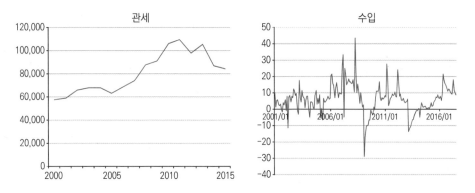

〈그림 1-16〉에서 통합재정수지 중 수입 현황과 같이 재정을 마련하기 위해 필요한 공공의 수입을 모으는 것을 목표로 하는 재정 시스템(공공 예산 시스템)이 있다. 공공 수익은 다양한 공공 예산 수준(정부, 지역 및 지방)에서 공공적인 지출로 사회 인프라 투자 등을 통하여 지원하고 있다.

특히 사회 인프라 투자의 경우에 있어서는 SOC 또는 하부구조(infra structure)에 대한 투자 등의 용어로서 사용되었는데, 위에서 지적한 바와 같이 농업국가에서 근대화를 이룩하여 개발도상국가가 될 때까지는 공공적인 지출이 주로 교량, 항만, 운하, 도로 건설과 같은 기간산업 위주의 공급측면이었다고 한다면, 선진국형으로 탈피하여서는 저출산 및 고령화 문제와 4차산업 혁명에 대한 정책 등과 관련된 주로 공공서비스와 관련된 분야에서 집중되는 대별이 이루어지고 있다.

한편 지방자치별로 자립의 문제가 있는 등 지방자치의 재정과 행정부문은 분리될 수 없는 구조를 가지고 있다. 지방자치의 경우 하위 지방자치단체는 상위 지방자치단체에 의해서뿐만 아니라 중앙에 놓여있는 정부로부터도 지원을 받고 있다. 완전한 지방자치의 수준이 형성되려면 무엇보다 세수의 기반 확대와 자립적인 측면에 있어서 지역경제의 안정적인 발전 등이 뒤따라야 하고 이에 알맞는 행정체계를 가져야 한다. 한국의 경우 지방자치의 역사가 길지 않은 측면이 있기 때문에 정부와 국민들의 적극적인 역할의 제고 및 행정적 개선 등이 이루어져 나가야 한다.

한국은행의 경제통계시스템[간편검색]을 통하여 〈그림 1-17〉과 〈그림 1-18〉에서 2001년 1월부터 2017년 4월까지의 통합재정수지 중 경상수입과 자본수입(이상 단위: %), 통합재정수지(단위: 십억원)과 기업경기실사지수(BSI: Business Sentiment Index) 중 경기지역 제조업 업황(2004년 1월부터 2012년 12월) 현황을 살펴보았다. 이를 살펴보면, 〈그림 1-16〉의 통합재정수지 중 수입과 〈그림 1-17〉의 경상수입이 거의 유사한 움직임을 나타내고 있다. 한편 자본수입은 변동폭이 크고 최근 들어 변동폭이 확대되면서 다소 상승하고 있는 것을 알 수 있다. 통합재정수지의 경우에도 수입대비 지출에서 최근 들어 흑자 상황이 비교적 많은 것을 알 수 있다.

한편 2004년 1월부터 2012년 12월 중의 기업경기실사지수 중 경기지역 제조업 업황을 살펴보면, 대부분의 기간에서 큰 변동 폭은 없었지만, 2009년 정도에서 미국과 유럽의 금융위기의 영향이 반영되고 경기지역의 수출업종에서 대외경제의 불확실성에 따른 부정적인 영향을 받은 후 다시 이전 수준 이상으로 회복된 국면을 알 수 있다. 참고로 경제학적으로는 경기순환(Business Circulation)은 경기수축국면보다 경기확장국면이 큰 것으로 알려져 있지만, 최근 들어 경기의 수축국면과 확장국면이 이전과 다른 양상을 보이기도 하므로 면밀한 분석이 필요한 상황이다.

경기지역의 경우에는 우리나라 최대의 기업인 삼성전자가 입주해 있고 수도권 인구의 상당부분이 밀집되어 있어서 이 지역의 경기를 살펴보면, 대략적으로 우리나라의 현재 경기변동의 사이클의 수준과 일자리 창출과 관련된 고용창출 혹은 실업률 상황 등에 대하여 진단을 할 수 있다. 이와 같은 측면에서 국내 경제시스템과 외국과의 동조성 또는 무역의 상황 등을 파악하여 재정정책의 근간인 조세정책 (taxation policy)의 입안과 집행에도 유념할 필요가 있다.

이러한 경기변동의 사이클상의 변화는 경기지역 이외의 지역에서도 비슷한 양상

그림 1-17 통합재정수지 중 경상수입과 자본수입 현황   (단위: % 이상)

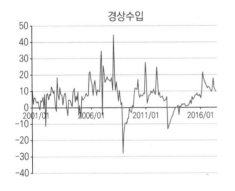

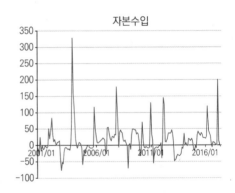

그림 1-18 통합재정수지(단위: 십억원)와 기업경기실사지수 중 경기지역 제조업 업황

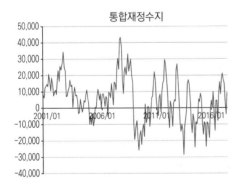

을 보이고 있다. 2018년의 새로운 지방자치시대의 전개와 정책적인 변화 등에 있어서 지방재정(local public finance)에서도 지금과 같은 재원마련 방안보다는 적극적인 해외 투자유치와 같은 글로벌(global) 시대에 걸맞는 새로운 문화와 4차 산업혁명 등까지 어우러지는 종합적인 대책이 이루어져 나가야 할 것이다.

공공 지출, 공적 수입 및 특히 세금은 공공 재정의 기본 요소이다. 이 세 가지 요소에서 파생된 중요한 용어에는 공공 부채, 적자, 예산 정책 및 재정 정책이 포함되어 있다. 특히 미국과 일본을 비롯하여 우리나라의 공공 부채문제는 가계 부채문제와 함께 미래 성장 동력에도 부담을 줄 수 있는 요소이며, 선거 이슈로서도 등장하고 있는 매우 중요한 국가 운영의 가장 중요한 핵심사항 중 하나이다.

과다한 공공 부채문제는 결국에 정부의 적극적인 시장에 의한 실패의 치유인 정부개입 및 정부지출의 증대에 있어서 부정적인 영향을 미칠 가능성이 매우 높게 만든다. 이는 또한 건전한 재정을 위협하기도 하고 정부의 의지와 상관없이 엉뚱한 방향에서 정책적인 효과가 나타나기도 한다. 일본과 같은 선진국에서도 이것과 관련하여 부작용이 초래된 바 있으며, 이는 정부의 정확한 정책 실행의 타이밍에도 부정적인 결과를 초래할 수 있다. 따라서 시의적절한 정부의 정책 타이밍과 이를 위한 건전한 재정의 유지 또한 필수불가결한 요소임에는 틀림이 없다.

일본의 경우 과다한 국가 부채 문제가 결국에는 저성장의 그늘로 나타나고 있는데, 금융 및 재정정책의 적극적인 양상으로 전개되고 있다. 일본의 마이너스 금리정책(negative interest rate policy)을 미국의 유명한 경제학자인 맨키유(Mankiw) 교수가 미국의 연방준비제도이사회(FED)에 이론적인 토대로서 제공한 후 유럽의 몇몇 국가가 시행에 옮긴 이후 이루어진 것이다. 이러한 정책이 금융과 함께 적극적인 재정정책의 근간을 이루었지만 세계적인 불황에 대한 우려로 일본에 대한 투자가 늘어나 결국에는 일본의 아베노믹스가 처음에 실행에 옮길 때의 기대보다는 다소 미흡한 측면으로 전개되기도 하였다.

한국은행의 경제통계시스템[간편검색]을 통하여 〈그림 1－19〉와 〈그림 1－20〉에서 2008년 4분기부터 2017년 1분기까지의 한국은행, 예금취급기관, 은행 및 공기업의 부채 현황을 살펴보았다. 이를 살펴보면, 한국은행과 은행 등의 부채가 다

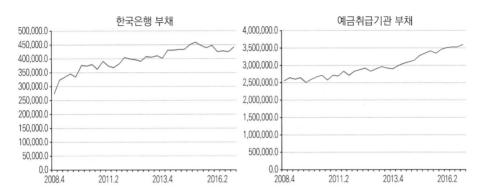

그림 1-19 한국은행과 예금취급기관의 부채 현황 (단위: 십억원)

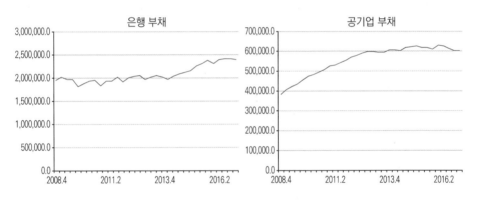

그림 1-20 은행과 공기업의 부채 현황 (단위: 십억원)

소 상승국면을 지속하고 있지만, 특히 최근까지 예금취급기관의 부채의 상승이 두드러졌던 것으로 나타나 있다. 하지만 공기업 부채는 이전 정부들에서도 공기업 부채의 심각성에 대하여 인식하고 대비 및 노력을 지속하여 최근 들어 상승속도가 둔화된 것을 알 수 있다.

공공 재정의 발전은 제한된 자원을 효과적이고 공정하게 배분해야 하는 경제적 메커니즘과 관련성이 높다.

이에 따라 역사적으로 할당 문제가 발생되었고, 이는 제한된 자원을 가장 효율적으로 사용하여야 하는 문제로 귀결된다. 이는 정치적으로는 시대정신과도 연결될 수 있고, 경제적으로는 미래성장동력 산업에 대한 대비책과 인구구조 등 사회 전반에 걸쳐서 영향을 주고 받는 관계로 파악된다. 즉 사회 전체적으로 특히 경제 주체 및 지역 간에 있어서 다양한 할당 혹은 분배의 메커니즘을 통해 처리되고 있다. 이에 따라 문화적 전통과 풍습은 초기 할당 메커니즘으로 분류될 수 있다. 결론적으로 나중에 사회 경제적 발전의 도래와 함께 관습과 전통의 역할이 국가에 의해 소득을 기초로 한 사회계층별 혹은 지역별 재정적인 고려로 이어지고 있다. 이는 제한된 자원에 대하여 효과적이고 공정하게 사용하게 만드는 데 기여하고 있는 것이다.

한편 한국은행의 경제통계시스템[간편검색]을 통하여 〈그림 1−21〉과 〈그림 1−22〉에서 기업경기실사지수(BSI: Business Sentiment Index) 중 경기지역 제조업 매출, 생산, 신규수주와 채산성 업황(2004년 1월부터 2012년 12월)을 살펴보았다. 이를 살펴보면, 위 그림에서와 같이 경기지역 제조업 업황 실적에 있어서 매출, 생산, 신규수주 및 채산성의 2009년도 1월 저점은 미국과 유럽의 금융위기로 인하여 전반적으로 반영된 것으로 판단된다. 이 중에서도 채산성은 2009년도 이전에 미국과 유럽의 금융위기의 동조화(harmonizing) 현상에서 비롯되어 보다 빨리 반영된 것을 알 수 있다. 이것은 미국의 1929년에 발생한 극심한 경기침체 시보다 세계적으로 동조성이 증가하여 현재의 산업구조상으로는 외국의 경기변동이 보다 빠르게 반영될 수 있는 것이다. 이는 국제조세(international taxation)를 근간으로 하는 세계적인 재정정책의 협조와 같은 사안의 중요성이 이와 같은 세계적인 경기변동성의 증폭이 초래될 경우 대두될 수 있다.

이에 따라 재정정책의 경우에 있어서도 이와 같이 수출업종이 보다 밀집되어 있는 지역의 경우에 있어서는 금융정책과 동시에 실시하여 제조업의 경우 경기변동을 줄일 수 있는 대책도 필요한 것으로 판단된다.

이러한 경기변동과 관련된 것은 한국의 경우에 있어서는 유망한 수출업종 위주와 대기업 위주의 협력업체 위주의 경제로 구조적으로 이루어져 왔기 때문에 경기지역 이외의 지역에서도 미국과 유럽의 금융위기와 같은 세계적인 경기변동이 지방경제(local economy)에도 영향을 나타내 주고 있다.

그림 1-21 기업경기실사지수 중 경기지역 제조업 매출과 생산 현황

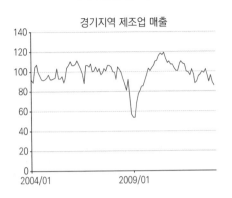

그림 1-22 기업경기실사지수 중 경기지역 제조업 신규수주와 채산성 현황

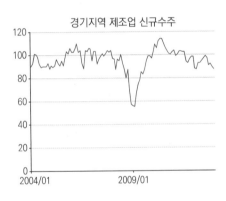

　1930년대 미국의 대공황(Depression) 이후 경제에서 국가의 역할은 두드러지게 중요해지고 있다. 이에 따라 국가의 전통적인 기능(입법, 사회, 안보 등)은 재정 기능 또는 공공 재정으로 불리고 있는 경제 기능으로 수정 및 보완되고 있다. 전통적으로는 애덤 스미스의 국가의 역할론 4가지에서 알 수 있듯이 이러한 치안 유지와 국방, 조세 체계, 사회 인프라 구축의 공공시설의 확충 등이 예전부터 중요시되어 오고 있다.

　한편 이 기능에는 부에 있어서의 재분배(reallocation), 할당 및 경제적인 안정화 활동 등이 내포된다. 국가는 입법부와 집행부뿐만 아니라 자체 공공 행정 기관과

기관(중앙 집중식 및 분산형)이 이에 해당한다. 분산형은 지방분권화가 많이 이루어져서 지역자치권이 강화된 행정과 이에 수반되는 재정적인 뒷받침이 되는 것과 동시에 추진이 이루어지기도 한다.

한국은행의 경제통계시스템[간편검색]을 통하여 〈그림 1-23〉과 〈그림 1-24〉에서 기업경기실사지수(BSI: Business Sentiment Index) 중 경기지역 제조업 제품판매가격, 제품재고(이상 2004년 1월부터 2012년 12월), 대전충남지역 제조업 업황, 매출 현황(이상 2003년 1월부터 2012년 12월)을 살펴보았다. 이를 살펴보면, 우선 미국과 유럽의 금융위기의 여파로 인하여 경기지역 제조업 제품판매가격과 제품재고가 각각 2009

그림 1-23 기업경기실사지수 중 경기지역 제조업 제품판매가격과 제품재고 현황

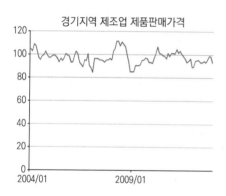
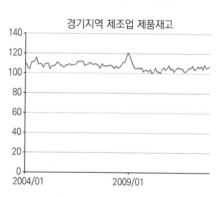

그림 1-24 기업경기실사지수 중 대전충남지역 제조업 업황과 매출 현황

년 초에 들어 하락과 상승을 나타났다.

　이는 대전충남지역 제조업 업황과 매출 현황에서도 비슷한 양상을 보임을 알 수 있다. 이 기간을 제외한 2012년 7월 1일 이후에는 세종시가 이 지역에 만들어지고 기관의 분산형이 이루어진 지역이어서 재정적인 뒷받침이 되었는지 실제로 살펴볼 필요성도 있다.

　세종시를 중심으로 하는 새로운 행정복합도시와 같은 자족적 기능이 지방자치행정의 발달로 이어지는 특수한 형태도 있다. 하지만 이러한 세종시를 중심으로 하는 행정복합도시도 국가경제와 연계될 수밖에 없기 때문에 국내외적인 변수들의 움직임과 이에 수반하는 지방재정의 근간인 세수확보 방안 및 공공서비스의 수요확대에 따른 세원재원 마련의 중요성은 예외가 될 수 없다.

제3절

재정학과 관련된 구성 체계

　이 책의 재정학과 관련된 구성 체계는 다음과 같다. 먼저 제1편에서는 재정학과 중앙 및 지방재정을 다루기로 한다. 제1편 중 chapter 01에서는 재정학의 목표와 영역에 대하여 다루고 이 중에서 제1절은 재정학의 목표 그리고 제2절에서는 재정학의 영역에 대하여 알아보기로 한다. 제3절은 재정학과 관련된 구성 체계를 다루기로 한다. 그리고 chapter 02에서는 중앙 및 지방정부의 역할과 재정학에 대하여 알아보기로 한다. 이 중에서 제1절에서는 중앙 및 지방정부의 역할, 제2절에서는 공공 재정의 중요성에 대하여 다루기로 한다.

　한편 제2편에서는 재정정책과 공공재의 균형에 대하여 알아보고자 한다. 이 중에서 chapter 03에서는 재정정책과 소득 분배의 공정성, 공공재에 관한 것이다. 그리고 이 중에서 제1절은 재정정책과 소득 분배의 공정성에 관한 것이고, 제2절은 공공재정과 공공재에 관한 것이다. 그리고 chapter 04는 공공재와 균형, 선호관계에 대하여 알아보고자 한다. 이 중에서 제1절은 공공재와 균형에 관한 것이고, 제2절은 공공재와 선호관계에 대하여 알아보고자 한다.

제3편에서는 정부 및 공공, 민간부문의 적정 규모에 대하여 알아보고자 한다. 이 중에서 chapter 05는 정부의 기능과 공공 부문의 성장에 관한 것이다. 그리고 제1절에서는 정부의 규모와 기능, 제2절에서는 공공 부문의 성장에 대하여 알아보고자 한다. 그리고 chapter 06에서는 경제 성장 및 공공 부문의 역할에 대하여 알아보고자 한다. 이 중에서 제1절은 경제 성장 및 사회와 공공 부문에 관한 것이고, 제2절은 정부 부문과 민간 부문의 적정 규모에 관한 것이다.

또한 제4편은 공공선택 및 조세 체계에 대하여 알아보고자 한다. 이 중에서 chapter 07은 공공선택 및 조세 체계에 관한 것이다. 그리고 제1절은 공공선택 및 정치적 과정에 관한 것이며, 제2절은 조세 체계에 대한 것이다.

이러한 재정정책에서 공공경제학과 관련된 부분이 차지하는 비중이 거의 대부분을 차지하고 있다. 이는 현재의 재정정책 또는 재정학이 나아가야 할 방향이고 이는 경기변동 시에 재정정책 및 금융정책을 적극적으로 집행해 나가서 경제적인 안정화를 먼저 달성하고 적극적인 정부의 역할이 필요하기 때문이다.

연습문제

✎ 연습문제 1-1

재정학의 연구 영역은 주로 어느 분야인가?

> **정답** 주로 공공 재정 문제와 관련된 것으로서 재정학과 관련된 주제에 대한 기본 개념을 제시하고 내용에 대해 다루어진다. 특히 경제 이론에 대한 공공 재정의 연계성을 이해하는 학문이다.

✎ 연습문제 1-2

재정학에서 주로 다루어지는 주요 용어들에는 어떤 것들이 있는가?

> **정답** 재정학과 관련된 주요 용어로는 공공 재정, 공공 부문, 공적 수입, 공공 지출, 공공 기금의 기능, 집단주의, 개인주의, 배분 기능, 재분배 기능, 안정화 기능, 시장 실패, 로렌츠 커브, 지니 계수, 비 선택적, 환불 불가, 비 동일성 등이 있다.

✎ 연습문제 1-3

재정학과 공공 경제 및 재정의 이론은 시대의 흐름에 맞게 계속 발전하여왔다. 주로 어느 분야들과 연계성을 갖는가?

> **정답** 재정학의 기본 개념과 연계되는 측면, 재정 이론의 발전, 공공 부문의 시장경제와의 연계, 공공 재정-개발의 원인 등의 분야까지 폭넓게 이어진다.

연습문제 1-4

재정학에서 재정과 관련된 국가적인 시스템은 어떻게 되는가?

> **정답** 재정학에서 재정의 정의와 관련된 용어는 공공 행정기관과 기관(즉, 공공 부문 단체) 간에 일방적으로 운영되는 특정 재정적 관계와 기능의 식별 및 경제 시스템의 다른 단체와의 상호 작용으로 정의될 수 있다. 이와 다른 당사자 즉, 사기업(가계 및 회사 등)과는 다른 개념인 것이다.

연습문제 1-5

중앙정부와 집행기관과의 관계 및 기능에서 정부의 예산 및 지출구조와의 연계성 및 재원 마련은 무엇인가?

> **정답** 중앙정부와 집행기관과의 관계 및 기능은 다음과 같은 특수한 것으로 간주될 수 있다. 이는 공공재 조달(생산 및 공급) 문제와 다양한 이동(특히 사회 영역에서)을 준비하고 자금을 지원하고 있다. 또한 경제에 존재하는 실체를 사회적으로 바람직한 행동으로 유도하기 위하여 세금, 벌금, 보조금 및 기타 자극 및 비용 등을 통하여 사용하기도 한다. 이와 같은 구조가 결국 정부의 예산 및 지출구조와 연결되게 된다.

연습문제 1-6

공공 재정의 기본 요소 3가지와 이 세 가지 요소에서 파생된 중요한 용어에는 어떤 것들이 있는가?

> **정답** 공공 지출, 공적 수입 및 특히 세금은 공공 재정의 기본 요소이다. 이 세 가지 요소에서 파생된 중요한 용어에는 공공 부채, 적자, 예산 정책 및 재정 정책이 포함되어 있다.

연습문제 1-7

재정학의 영역에서 경제적 효율성(efficiency)은 궁극적으로 공평성(equity) 또는 공정성 측면에서 어떠해야 한다고 믿고 있는가?

정답 공공 재정의 발전은 제한된 자원을 효과적이고 공정하게 배분해야 하는 경제적 메커니즘과 관련성이 높다.

✎ 연습문제 1-8

국가의 전통적인 기능의 변화와 이러한 변화로부터 중요시되는 재정학 분야와 연계되는 경제정책은 어떠한 것인가? 국가를 이루는 단위에서 지방분권화는 무엇인가?

정답 국가의 전통적인 기능(입법, 사회, 안보 등)은 재정 기능 또는 공공 재정으로 불리우는 경제 기능으로 수정 및 보완되고 있다. 이 기능에는 부에 있어서의 재분배(reallocation), 할당 및 경제적인 안정화 활동 등이 내포된다.

국가는 입법부와 집행부뿐만 아니라 자체 공공 행정 기관과 기관(중앙 집중식 및 분산형)이 이에 해당한다. 분산형은 지방분권화가 많이 이루어져서 지역자치권이 강화된 행정과 이에 수반되는 재정적인 뒷받침이 되는 것과 동시에 추진이 이루어진다.

chapter 02
중앙 및 지방정부의 역할과 재정학

제1절

중앙 및 지방정부의 역할

국가는 집행 권한이 있기 때문에 특별 경제 주체이기도 하다. 경제 주체에는 국가를 포함하는 중앙 및 지방정부, 개인, 기업 등이 있다. 한편 중앙 및 지방정부의 규칙에 따라 규칙이 결정될 뿐만 아니라 규칙과 관련된 수단을 통해 준수 여부가 결정될 수 있다. 물론 법규는 입법부인 국회가 제정하게 된다. 한편 미국의 경우, 지방 정부에 해당하는 주정부의 경제 및 행정 기능은 특히 학교, 의료, 사회 복지 및 사회 보장 분야에서 두드러진 역할을 담당하고 있다. 경제에서 국가, 즉 중앙정부의 역할과 관련하여서는 두 가지 접근법이 등장하였다. 미국의 지방 정부에 해당하는 주정부의 경제 및 행정의 기능이 한국에 그대로 중요하게 적용될 수는 없다. 이는 정부들의 체계가 다르고 문화 등 전반적인 사회체계가 똑같지 않기 때문이다. 하지만 모든 경제적인 시스템이 미국과 동떨어질 수 없고 전반적인 산업체계가 미국과 닮아있고 닮아가고 있기 때문에 미국에서의 경험들을 반면교사로서 삼을 만한 근거는 충분한 상황이다.

한국은행의 경제통계시스템[간편검색]을 통하여 〈그림 2-1〉에서 우리나라의 조세징수액 중 방위세, 교육세, 교통세와 농특세(이상 단위: 억원) 현황(이상 1992년부터 2015년)을 살펴보았다. 이를 살펴보면, 방위세는 같은 기간 동안 증감을 지속하고 있는 데 비하여 교육세, 교통세와 농특세는 완만한 상승 또는 가파른 상승세를 보였다.

표 2-1 중앙 정부의 역할에 대한 두 가지 접근법

구 분	내 용
개인주의적 견해	국가 개입은 경제에 바람직하지 않다. 이에 따라 정책의 실효성이 없을 수 있다. 이론적 토대: 통화주의학파(밀튼 프리드먼 등)
집단주의적 견해	적극적인 국가 개입이 옹호된다. 이론적 토대: 케인즈학파

그림 2-1 조세징수액 중 방위세와 교육세 현황   (단위: 억원)

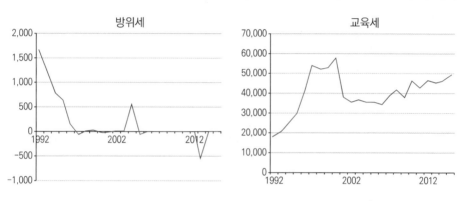

그림 2-2 조세징수액 중 교통세와 농특세 현황   (단위: 억원)

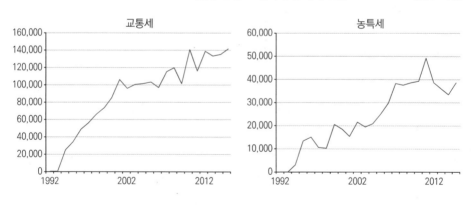

특히 교통세의 경우에 있어서는 중앙 정부에서 지방 정부로의 이전 가능성에 대하여 관련단체 등에서 검토 의견으로 제시하고 있기도 하다. 그리고 농특세는 농어

촌특별세를 줄여서 일컫는 말로서, 〈그림 2-1〉과 〈그림 2-2〉의 우리나라의 조세 징수액 중 방위세, 교육세, 교통세와 농특세 등이 현재 국세에 해당하고 있다.

이들의 데이터를 살펴보면, 교육세와 교통세, 농특세 등이 모두 최근 들어 상향추세를 나타내고 있다. 이는 대내외 경제여건의 변화와 공공서비스의 확대 필요성에 따른 자연적인 세수의 증대와 경제규모의 성장 등이 어우러진 결과들로 판단된다.

한국은행의 경제통계시스템[간편검색]을 통하여 주요 통화금융지표 중 한국은행의 계절조정M_1(평잔), 계절조정M_2(평잔), 계절조정Lf(평잔)(이상 데이터 시계열상 1997년 7월부터 2017년 4월까지), 계절조정L(말잔) 현황(이상 데이터 시계열상 2002년 12월부터 2015년까지)을 살펴보았다(〈그림 2-3〉, 〈그림 2-4〉). 이를 살펴보면, 특히 미국과의 금리정책 동조화(synchronization)로 인하여 미국의 서브프라임 모기지 사태 당시인 2008년 등에서 통화량 증가가 두드러졌음을 알 수 있다.

이와 같은 기간을 제외하고는 경기 하향 추세가 반영되면서 통화량도 비교적 안정적으로 공급되고 있음을 알 수 있다. 이에 따라 고용률 제고 등을 위하여 국가적인 단위의 재정확대 정책의 필요성이 제기되지만, 세원 조달 문제와 균형 재정 문제 등 고려해야 할 것들이 상존하고 있다.

한편 국가적인 시스템에서 국가의 정부가 주요한 정책으로 삼아야 하는 근간에는 낮은 실업률(즉 높은 고용증가율)과 낮은 물가상승률이 있다. 이러한 정책의 실효성을 제고하기 위해서도 통화량의 안정적인 공급은 무엇보다 중요하다. 현재와 같은 경기침체에 따른 낮은 물가상승률의 기조가 이어질 경우에는 보다 적극적인 금리안정화 정책과 같은 선제적인 금융정책도 필요하기는 하다. 하지만 자칫 잘못하면 물가상승에 따른 국민들의 고통지수 상승과 함께 실물부문에 대한 과도한 투자 집행에 따른 부작용이 초래될 수 있어서 적정한 선에서의 금융과 재정정책의 혼합 정책(policy mix)이 바람직하다는 판단이다.

한국은행의 경제통계시스템[간편검색]을 통하여 거시경제분석 지표 중 실업률, 고용률(이상 데이터 시계열상 1999년 6월부터 2017년 5월까지), 단위노동비용증감률, 시간당명목임금증감률 현황(이상 데이터 시계열상 2009년 1사분기부터 2016년 4사분기까지)을 살펴보았다(〈그림 2-5〉, 〈그림 2-6〉). 이를 살펴보면, 최근까지 실업률은 큰 차이를 나

그림 2-3 주요 통화금융지표 중 한국은행의 계절조정M₁(평잔)과 계절조정M₂(평잔) 현황(단위: %)

계절조정M1(평잔)

계절조정M2(평잔)

그림 2-4 주요 통화금융지표 중 한국은행의 계절조정Lf(평잔)과 계절조정L(말잔) 현황(단위: %)

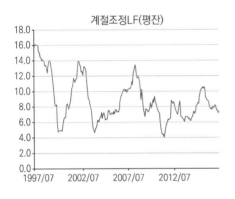

계절조정LF(평잔)

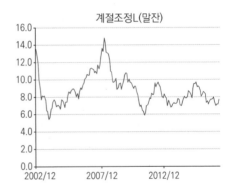

계절조정L(말잔)

타내고 있지는 않지만 고용률은 점차적으로 개선되는 추세를 확인할 수 있다. 2017년 새정부 들어 최근 많은 관심을 갖고 있는 시간당 명목임금과 앞에서도 살펴본 실업률과 고용률 등 이러한 지표들은 모두 재정학과 상당히 밀접한 관련이 높은 항목들이다.

한편 시간당 명목임금의 체계는 어느 한 국가의 1인당GDP수준과 현재의 경기상황 등이 전반적으로 반영되어 결정되고 있다. 특히 비교대상이 OECD국가들의 평균 수준과도 비교하는 등 전반적인 경제 및 사회의 모든 분야에 영향을 끼치고 있기도 하다. 특히 한국경제가 당면하고 있는 생산성의 효과적인 측면의 분석에 있어

그림 2-5 거시경제분석 지표 중 실업률과 고용률의 현황　　(단위: %)

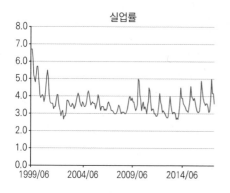
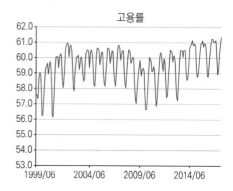

그림 2-6 거시경제분석 지표 중 단위노동비용증감률과 시간당명목임금증감률 현황　(단위: %)

서 단위노동비용증감률의 추세와 같은 변수들은 재정정책의 입안자들이 참고해 나
가야 하는 지표임에 틀림이 없다. 한국 경제는 경제적인 안정화와 정치적인 안정을
동시에 이루어 나가야 하는 특수한 경제체제를 갖고 있기 때문에 정부의 역할이
매우 중요한 나라 중에 하나이기도 하다.

　생산성(productivity)의 제고와 관련하여서는 고질적으로 한국경제의 나아갈 방향
에서 생산성의 낙후분야를 들 수 있다. 자칫 국가 경제에 있어서 단위노동비용 증
가가 생산성 증대로 이어지지 않으면 비용인상 인플레이션인 스태그플레이션의
가능성을 높이는 실수를 범할 수 있기 때문이다. 이는 한국의 장점인 IT업종의 비

교우위를 바탕으로 하여 4차 산업혁명과 연계시켜서 생산성을 증대시켜 나아가는 혁신(innovation)정책이 뒷받침된다면 해결책의 실마리를 찾을 수 있을 것으로 판단된다.

표 2-2 공공 부문의 경제와의 연계성

구 분	내 용
공공 재정	재정 운영, 공공재 제공, 이관 및 특정 행위를 따르는 경제 주체의 행위를 이행하기 위한 관계 및 도구와 관련
공공 부문	국가 경제의 특정 부분, 민간 기업과 민간 부분의 사적인 영역에 대한 미비점을 국가적 단위에서 해결 또는 지원
공공 부문의 기관 및 조직	전체 또는 일부에 대하여 공적 자금으로 지원, 재정 시스템과 연결
다른 특수한 특성	소유권, 경영 시스템, 소비자에게 제품을 제공하는 것 등에서 사적인 영역(private sector)과 차이점

공공 부문은 대중의 선택에 따라 결정되고, 중앙정부 및 지방정부(국가)의 통제하에 있으며, 공공의 이익 실현 및 공동 업무 관리를 목적으로 존재하는 공공의 소유권을 가진 전체 사회(경제 주체: 국가(중앙정부, 지방정부)와 공공부문, 사적인 부문(개인, 기업 등))의 일부분이다. 전적으로 그리고 주로 개인 자본으로 영위되는 민간 부문과 이와 달리 비영리섹터(예를 들어, 시민사회단체) 또는 비정부 부문 등이 있다.

이와 같이 공공 부문은 대중 즉 국민들의 선거에 의한 선택에 의하여 결정되는 특징과 함께 최근 들어 시민사회단체의 역할이 중요해지고 있다. 시민사회는 비영리섹터로서 정부의 실패로 나타날 수 있는 영역들에 있어서 정부와 가계의 중간에서 가교의 역할을 할 수 있고, 정부 정책의 실효성을 높여 주고, 실제 재정 정책의 실현에 있어서 바람직한 방향으로 실천적으로 갈 수 있도록 길라잡이 역할도 하고 있다. 이는 시민사회단체의 역할의 중요성과 함께 적시성도 함께 고려되어 가고 있는 측면이다.

미국의 경우에 있어서는 시민사회단체들의 영향력이 막강한 위력을 선거 시에 발휘하기도 한다. 이와 같이 시민사회단체의 영향력이 정치적인 분야뿐만 아니라 행정 및 사회의 모든 영역에도 영향력을 발휘하여 시민사회의 성숙과 함께 경제 분야의 발전에도 일익을 담당해 나가고 있다.

그림 2-7 가구당 월평균 가계수지(전국, 2인이상) 중 가구원수(명)와 가구주연령(세) 현황

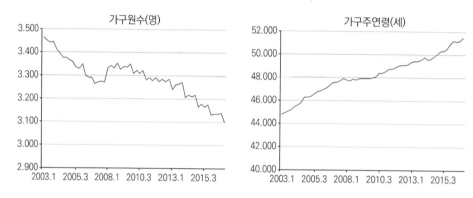

그림 2-8 가구당 월평균 가계수지(전국, 2인이상) 중 소득(원)과 보건지출(원) 현황

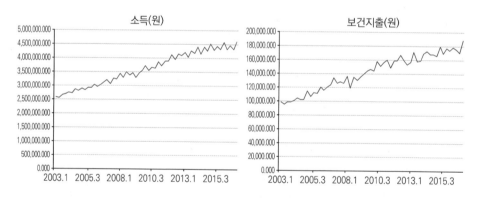

한국은행의 경제통계시스템[간편검색]을 통하여 가구당 월평균 가계수지(전국, 2인 이상) 중 가구원수(명), 가구주연령(세), 소득(원), 보건지출(원) 현황(이상 데이터 시계열 상 2003년 1사분기부터 2017년 1사분기까지)을 살펴보았다(〈그림 2-7〉, 〈그림 2-8〉). 이를 살펴보면, 가구원수(명)는 꾸준히 하락하고 있는데, 가구주연령(세)은 거꾸로 계속 증

가하고 있다. 이와 같은 추세가 반영되면서 소득(원)보다 보건지출(원)이 보다 가파르게 상승하고 있음을 알 수 있다. 이와 같은 현상에 대하여 재정지출 등으로 국민들의 보건서비스 분야에 대한 국가적인 계획을 다시 설계하는 등 재정학 분야에서 꾸준히 연구되고 정부 정책에 반영되어야 하는 영역들이 존재하고 있다.

한편 다원적인 현재의 민주주의 국가들에서는 공공 부문이 민간 부문과 공존하면서 발전하고 있다. 이 두 분야는 규모와 활동 면에서 서로 영향을 미치게 된다. 즉 한정된 자원으로 인하여 공공 부분이 지나치게 확대되면 민간 부문이 위축되고, 민간 부문이 지나치게 커지게 되면 여기서 오는 사회적 비용(social cost) 문제에 대한 해결이 더욱 어렵게 되는 양면성이 존재하고 있다. 이 경우에 있어서 국가는 다양한 제한 조치를 통해 민간 부문에 강하게 영향을 미치게 된다. 이러한 사회적 비용을 제거하는 데 필수적인 통제 도구 중 하나가 공공 재정(fiscal)이다. 이에 따라 공공 부문이 민간 부문에 어떤 영향을 미치는지를 포함하여 공공 재정 조치를 분석하고 조사해야 하는데, 여기에 있어서는 편익비용분석(Benefit Cost Analysis)으로 평가하는 것이 대표적인 수단이다.

한국은행의 경제통계시스템[간편검색]을 통하여 손익의 관계비율(1990~1997, 표본조사, 대기업) 중 자동차 및 트레일러의 금융비용대 부채, 차입금평균이자율, 금융비용대 총비용, 자동차부품 제조업의 금융비용대 부채 현황을 살펴보았다(〈그림 2-9〉, 〈그림 2-10〉).

이를 살펴보면, IMF 이전의 매출액을 중시하는 기업 풍토에서 더욱이 자동차와 관련된 매연과 같은 공기 질의 오염에 대한 사회적 비용이 경시되어 왔다. 이는 자동차를 생산하는 업체들의 경우에 있어 비용에서 사회적 비용은 감안되지 않고 생산이 이루어진 데에서 비롯되는 것이다. 이에 따라 현재와 같은 미세먼지의 요인 중에 하나로 알려지는 부작용을 나타냈으며, 시장실패(Maket Failure)의 하나의 요소로서 연결되고 있다.

시장의 실패와 관련하여서는 각종 재정학과 연계된 연구에서는 다각도로 연구가 이루어지고 있다. 여기서 소개한 미세먼지와 관련된 것뿐만 아니라 수질과 관련된 것과 소음과 관련된 것 등 인간의 쾌적한 생활환경에 영향을 끼칠 수 있는 것은 매우 다양하고 새롭게 전개되기도 한다.

향후 사물인터넷으로 불리고 있는 IOT(Internet of Things) 기술의 발달과 같은 4차 산업혁명이 진행되면 자동적으로 국민 모두 이와 같은 시장실패요인이 될 수 있는 공기오염(air pollution) 및 수질악화 문제 등에 대하여 보다 적극적으로 개선 및 시정 요구가 이루어져서 시장실패의 치유가 보다 빨리 진행되는 방향으로 정책 및 행정적인 처리가 이루어질 것으로 판단된다.

표 2-3 개발의 원인에 따른 공공 재정의 중요성 대두 원인

구 분	내 용
공공 재정 개발 이유	미국의 경우 개별 경제주체인 가계와 회사의 경제적 의사 결정으로 인한 결점을 완화하려는 주정부의 의사결정 집행에 나옴. 한국의 경우에도 이와 관련된 중앙정부 및 지방정부의 노력이 중요해지고 있음
	이를 달성하기 위해 재정 도구(공공 세입)를 사용
특정 개발 목적의 준 재정 기금 원칙 준용	예를 들어, 체코 공화국의 공공 법률 텔레비전은 기업들에게 있어서 텔레비전 면허 수수료를 통해 자금을 조달
	공공 재정과 관련된 중요한 또 다른 용어는 시장 실패

그림 2-9 손익의 관계비율(1990~1997, 표본조사, 대기업) 중 자동차 및 트레일러의 금융비용대 부채와 차입금평균이자율의 현황 (단위: %)

그림 2-10 손익의 관계비율(1990~1997, 표본조사, 대기업) 중 금융비용대 총비용과 자동차부품 제조업의 금융비용대 부채 현황 (단위: %)

제2절

공공 재정의 중요성 및 시장 실패

한국은행의 경제통계시스템[간편검색]을 통하여 시계열상 1970년 이후 2016년까지의 국내총생산과 지출(명목, 연간) 중 국내총생산에 대한 지출, 민간최종소비지출, 정부최종소비지출, 총고정자본형성의 현황을 살펴보았다(〈그림 2-11〉, 〈그림 2-12〉). 이를 살펴보면, 한국의 국내총생산에 대한 지출과 총고정자본형성에 있어서 정부최종소비지출이 차지하는 비중이 결코 적지 않음을 알 수 있다. 특히 2010년대 이후 가파르게 전개되고 있는 것도 정부지출의 역할이 매우 중요함을 알 수 있다.

시장의 경제 시스템은 '보이지 않는 손'인 가격 메커니즘을 통해 수요와 공급이 결정된다. 그것은 시장 스스로 자생적으로 발생한 시스템이며 사람들과 기업 간의 상호 작용과 밀접한 관계가 있다. 이 모든 경제 주체들에 있어서는 개인들의 경우에 있어서는 재화 및 용역에 대한 구매에 따른 만족감 즉, 효용(utility)을 극대화하기 위하여 노력하고, 기업들은 이윤 창출의 극대화를 위하여 노력한다. 또한 이러한 경제 주체들의 노력의 결과로 인하여 정부는 세입을 통하여 경제적으로 혜택이 덜 주어지는 계층을 위한 노력과 병행하여 모든 국민들에게 보편적이며 타당한 복지 혜택의 제공의 극대화를 위하여 노력하고 있다. 이는 정부가 추구하는 지속가능한(sustainable) 국가의 유지와 연계된다.

즉 이와 같은 시장 경제 시스템의 가장 큰 이점은 각 경제 주체들이 경제적 최적 조건에 도달하는 것과 강하게 상호 연관되어 있다는 점이다. 이와 같은 개인들의 만족감인 효용(utility)의 극대화는 사회 전체적으로는 파레토에 의한 최적에 의하여 설명될 수 있으며, 이는 다시 사회후생에 대한 극대화와 연결되는 것이다. 이는 사회후생을 어떻게 측정하느냐에 따른 정의에 따라 평등주의적 접근(가장 빈곤한 계층의 후생수준의 증가를 통하여 사회가 개선됨, 대표학자 롤스) 또는 공리주의적 접근(사회후생함수에서 모든 구성원들의 효용가치 수준을 더함, 대표학자 벤담)으로 나뉘어 연구되고 있다. 그리고 사회후생을 어떻게 측정하느냐는 함수관계의 식으로 표현되기도 한다.

결국 평등주의적 접근 또는 공리주의적 접근 중 어느 것이 타당한지는 재정학의 영역에서는 이미 평등주의적 접근이 공리주의적 접근보다 옳은 것으로 평가되고 있다. 이는 재정정책(fiscal policy)의 근간이 고소득계층보다는 저소득계층에 대한 부의 분배에 더 주안점을 두고 있는 측면도 있기 때문이다.

한국은행의 경제통계시스템[간편검색]을 통하여 시계열상 전국실적(2009.8~2017.6)

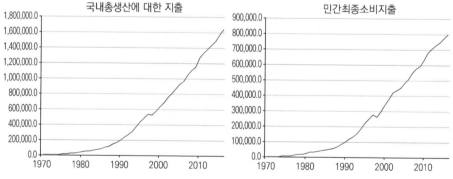

그림 2-11 국내총생산과 지출(명목, 연간) 중 국내총생산에 대한 지출과 민간최종소비지출의 현황 (단위: 십억원)

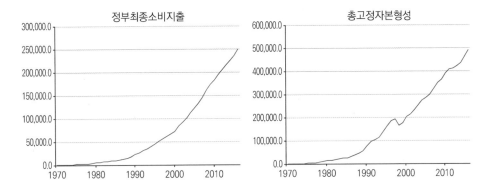

그림 2-12 국내총생산과 지출(명목, 연간) 중 정부최종소비지출과
총고정자본형성의 현황　(단위: 십억원)

표 2-4 파레토 최적의 상태

구 분	내 용
최적의 경제 시스템	신고전학파 경제학 개념에서 효율적이고 공정하며 안정적이라고 간주됨. 시장 경제 시스템이 해당됨
파레토 최적	이상적인 조건임. 즉 이것은 관련된 기업 중 누구도 다른 기업의 이익을 저해하거나 악화시키지 않으면서 자신의 지위를 향상시킬 수 없을 때 경제에 존재
	어떤 기업이 자신의 이익을 향상시키려는 의도가 있는 경우, 다른 기업의 손해를 야기할 수 있음
	완전경쟁의 존재는 최적에 도달하기 위해 필요한 요구 사항

중 대기업, 중소기업, 수출기업, 내수기업의 채산성 실적 현황을 살펴보았다(〈그림 2-13〉, 〈그림 2-14〉).

이를 토대로 살펴보면, 중소기업의 채산성 실적이 상대적으로 저조함을 알 수 있었다. 특히 수출기업의 채산성 실적은 최근 들어 호조세를 이어갔지만, 내수기업의 채산성은 변동성(volatility)이 커지고 상대적으로 저조함을 지속하였다.

이는 파레토 최적의 경제 시스템을 구축해 나가기 위해서도 보다 완전경쟁시장 (competition market) 체제로의 전환이 중요해짐을 반영하고 있다. 중소기업이 훨씬 많은 인력 고용의 구조를 가지고 있는 한국의 경제시스템에서 2017년 새정부 들어

그림 2-13 전국실적(2009.8~2017.6) 중 대기업과 중소기업의 채산성 실적 현황

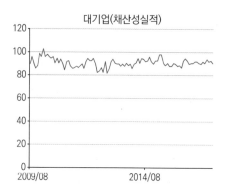

그림 2-14 전국실적(2009.8~2017.6) 중 수출기업과 내수기업의 채산성 실적 현황

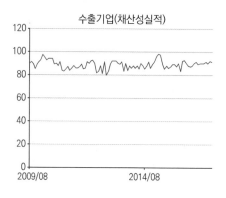

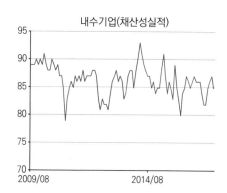

서도 중소벤처기업부의 중요성을 인식하고 있는 것도 이를 반영하고 있는 것이다. 이는 새정부의 소득주도 성장과 선순환 구조를 이룰 경우 경제주체인 기업 이외에 가계 소득 증대에도 기여하여 파레토 최적 상태에 이르게 하는 디딤돌 역할로 이어질 수 있다.

　재정학과 관련성 및 연계성은 경제학과 경제학 이외로 나눌 수 있는데 3가지 요소로 간주할 수 있다. 첫째, 효율성의 측면에서 미시 경제학과 연결되고 둘째, 안정성의 측면에서 거시 경제학과 관련되며, 셋째, 공정성의 관점에서 경제학 이외의 과학과 연계성을 갖고 있다. 공정성에 대한 인식은 다른 사회 과학의 조사 방법론

과도 연결되며, 기업 단위에서는 윤리 경영 등과 밀접하게 연관되어 있다. 공정성은 공평성으로 불리기도 하는데, 주로 부의 재분배 또는 부의 형평성과 관련되어 있다. 효율성을 달성하였다고 하여 모두 공정성이 달성되었다고 하기 힘들며, 공정성이 이루어졌다고 해도 동시에 효율성을 달성하였는지 여부도 면밀히 파악해 보아야 하는 사항이다. 단지 부의 재분배에 국한하여 판단할 경우에 있어서는 재정정책이 부의 공평성 또는 공정성, 형평성에 있어서 국민들의 계층 간의 불화를 줄이는 계기를 마련할 수는 있다. 하지만 공평성 또는 공정성이 단순히 고소득계층의 소득을 저소득계층에 조세를 기반으로 하여 나누어주는 것만 고려하기보다는 양쪽의 계층에 보다 유리한 지속가능한 경제 및 사회에 초점을 맞추고 서로에게 이익이 생기는 방향으로 정책의 방향이 입안되고 집행되는 것이 가장 이상적이다.

특히 윤리 경영과 관련하여서는 대한상공회의소 등에서도 조사를 하고 있으며, 기업의 사회적 책임(CSR)으로 매우 중요해지고 있다. 이는 실무적으로 대기업과 중소기업의 동반성장 노력과도 연결되고 있으며, 경제 및 사회에서 파레토 최적의 개념으로 나아갈 수 있는 기틀이 되고 있다.

윤리 경영과 함께 중요한 것이 기업들의 부의 환원과 관련된 이슈들이다. 한국의 경우 IMF사태를 겪고 난 이후 외국인투자가들의 비중이 상대적으로 높아져 있는 상황이다. 이들은 배당 투자와 같은 적극적인 투자의견의 피력으로 인하여 기업들의 이익의 분배(sharing)에 대한 요구들이 잇따라 제기되었으며, 한국의 주식시장과 기업문화가 보다 이익을 공유하는 체제로서 서로 상호 발전하는 관계가 이루어지는 계기가 되었다. 또한 기업의 사회적인 책임(CSR) 문제가 보다 중요한 이슈로서 부각이 되면서 국민들과 함께 발전해 나가고 있는 기업문화로서 정착되고 있다.

한편, 시장이 효율성(efficiency)을 갖추지 못하였을 경우에는 시장 실패가 발생하게 되는데, 이는 다음 세 가지와 직접적으로 연결성을 갖는다. 시장의 실패는 결국에는 무임승차(free rider) 문제와 무관치 않으며, 도덕적 해이(moral hazard)와도 직접적인 연관성을 지닌다고 볼 수 있다. 이는 위에서도 언급한 바와 같이 실무적으로는 기업들의 적극적인 윤리 경영과 기업의 사회 책임과 연계성을 지닌다고 볼 수 있다.

표 2-5 시장 실패의 결과

구 분	내 용
자원 배분	효율성이 없음
거시 경제 지표 관련	경제가 바람직한 방향에서 벗어나 있음
부의 분배와 소득의 공평성	공평성이 없음

그림 2-15 재정학과 미시경제학, 거시경제학, 경제학 이외의 과학과의 연계성

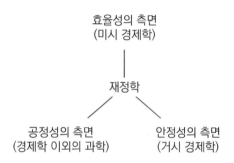

시장 실패를 바람직하게 없애거나 적어도 줄이기 위해서는 〈표 2−5〉와 〈그림 2−16〉과 같은 세 영역에서 재정 기능 즉, 공공 재정 기능이 제대로 작동하도록 수행하는 것이 국가의 책임에 해당한다.

그림 2-16 국가의 책임과 바람직한 정부 정책 및 시장 체계

그림 2-17 시장 실패와 메커니즘

할당 기능 관점
(미시 경제적 측면의 실패)

|

시장 실패

안정화 기능의 관점　　　　재분배 기능의 관점
(거시 경제적 실패)　　　　(외부 효과적 실패)

구체적으로는 시장 실패는 첫째, 할당 기능의 관점에서 미시 경제 실패와 연관되고, 둘째, 안정화 기능의 관점에서 거시 경제적 실패와 관련성이 있다. 셋째, 재분배 기능과 관련하여서는 외부 불경제(external diseconomy) 등의 외부 효과(external effect)와 관련되어 시장 실패가 일어날 수 있다(〈그림 2-17〉).

한편, 첫째, 할당 기능의 관점에서 미시 경제 실패는 다음과 같다. 즉, 시장에서 완전경쟁 조건이 충족되지 않으면 가격 메커니즘의 오작동이 발생하여 할당 메커니즘을 방해하게 된다는 것이다. 완전경쟁은 독과점에 비하여 소비자들에게 있어서 보다 저렴한 가격에 보다 많은 양의 재화와 서비스를 제공할 수 있는 장점을 지니고 있다.

일시적인 현상으로 일어나는 일부의 시장 실패는 자동 규제(외부 규제의 내부화)를

그림 2-18 시장 실패의 제거를 위한 미시 경제적, 거시 경제적 및 외부 효과적
실패와의 연계성 및 대책

자동 규제
(외부 규제의 내부화)

|

시장 실패의 제거

정부의 배분 기능　　　　정부의 재정적인 역할

통하여 공공 재정의 개입이 없이도 제거될 수 있다. 하지만 대부분의 다른 것들은 정부의 배분 기능 및 재정적인 역할(세금 및 정부 구매 또는 이전)로 해결될 수 있는 것들이다.

둘째, 거시 경제적 실패는 순환적 인플레이션, 높은 실업률, 낮은 생산 또는 침체국면의 마이너스 성장, 대외 무역 수지 문제 등으로 고통을 받게 되는 경제 시스템의 불안정성에 연유하여 나타나게 된다. 특히 미국의 경우 1930년 이후에 극심한 공황을 탈출하기 위하여 실시하였던 뉴딜정책으로 인한 고용증가는 경제안정화 부문은 달성하였지만 이후 경제가 선순환 구조를 겪고 나서는 그 당시의 경제안정화 정책 중에 시중에 풀려났던 통화증가율의 상승으로 인한 비용인상 요인의 인플레이션의 후유증이 간간히 나타나기도 하였다.

여기서 인플레이션의 경우 완만한 상승은 주가 상승에도 도움이 되지만, 고통지수로 볼 때 인플레이션율의 상승과 실업률의 상승은 국민들에게 지속가능한 생활 측면에서 어려움을 주게 되는 것이다.

한국은행의 경제통계시스템[간편검색]을 통하여 시계열상 소비자물가지수(2015= 100)(전국) 중 총지수, 식료품 및 비주류 음료, 식료품, 빵 및 곡물의 현황(1996년 9월 부터 2017년 6월까지)을 살펴보았다(〈그림 2-19〉, 〈그림 2-20〉).

이를 토대로 살펴보면, 전체 기간 중에 걸쳐서 소비자물가지수 중 총지수는 완만한 상승세를 보이고 있지만, 구체적으로 살펴보면 식료품 및 비주류 음료 중 식료품의 비중이 특히 2010년 이후 전체 총지수에 비하여 상승 폭이 컸음을 알 수 있다. 이는 소비자들의 체감물가에 나쁜 영향을 미칠 수 있는 것이다.

또한 외부 효과적 실패로 인한 재분배 기능의 관점에서의 정부의 역할도 매우 중요하다. 예를 들어, 특정 국가와의 FTA 체결 시에 한국이 비교우위인 산업은 큰 타격이 없거나 작을 수도 있지만, 비교열위에 놓인 영역의 종사자들에게는 생계의 위협이 될 수도 있다. 이와 같은 정책에 있어서 보정작업이 곧 재정학의 영역이고 국가에서 주도적으로 해결해 나가야 하는 부분이기도 하다.

이것은 불안정한 거시 경제적인 문제가 발생할 경우에 있어서 정부가 국가 안정화 기능을 잘 수행해야 하는 이유이기도 하다(재정 안정 기능을 통한 안정화 정책).

그림 2-19 소비자물가지수(2015=100)(전국) 중 총지수와 식료품 및 비주류 음료의 현황

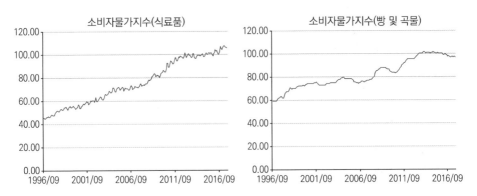

그림 2-20 소비자물가지수(2015=100)(전국) 중 식료품과 빵 및 곡물의 현황

정부는 이러한 시장 실패, 즉 거시 경제적인 문제가 발생할 경우 금융·경제적인 안정화 정책 이외에 적극적인 시장 개입을 통하여 재정정책을 집행하여야 할 필요성이 있다.

한국은행의 경제통계시스템[간편검색]을 통하여 시계열상 전산업생산지수(농림어업제외)와 이 중의 광공업, 건설업, 서비스업 현황(2000년 1월부터 2017년 5월까지)을 살펴보았다(〈그림 2-22〉, 〈그림 2-23〉).

이를 토대로 살펴보면, 전산업생산지수(농림어업제외)와 이 중에서 광공업의 경우 2009년 초에 들어 미국의 서브프라임 모기지 사태 당시 악영향이 반영된 것을 제

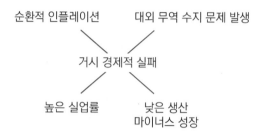

그림 2-21 거시 경제적 실패의 요인

순환적 인플레이션　　대외 무역 수지 문제 발생

거시 경제적 실패

높은 실업률　　낮은 생산
마이너스 성장

외하고는 완만한 상승세를 나타내고 있다.

한편 건설업의 경우 최근 들어 저금리 기조의 영향에 따른 부동산시장의 활황의 영향으로 상승세가 두드러졌다. 그리고 서비스업의 경우에 있어서는 대내외 경제에 크게 영향 받지 않지 않으면서 완만한 상승 기조가 이어지고 있다. 한편 부동산시장의 경기와 관련된 양도소득세를 비롯한 각종 세제는 지방정부의 세원이 되고 있으며 이는 실물 부문의 경기변동이 지방 정부와 같은 행정기관의 재정정책에 영향을 끼칠 수 있다는 것이다. 이는 지방 정부의 공공재화 및 공공서비스 공급과 관련되어 있는 지방정부의 지출과도 연결될 수 있는 구조를 갖고 있다.

정부는 안정화 기능을 수행하기 위해서 여러 도구를 사용하게 된다. 기본 분류는 화폐(금리 정책)와 재정 집행(도구)으로 구분할 수 있다. 한국의 경우 미국과 마찬가지로 IMF 위기 이후 통화정책(Money View)에서 금리중시정책(Credit View)으로 바뀌었다. 한편 미국의 금리정책은 테이퍼 탠드럼이라고 일컬어질 정도로 세계 경제의 경기변동 수준과 각국의 거시 및 미시경제정책 등에 대하여 충분한 검토를 거친 후 미세 조정을 통하여 이루어지고 있다. 2017년 10월경까지는 미국의 경우 금리인상이 미국의 경기회복의 시그널로 파악될 수도 있는 상황을 갖고 있다.

화폐(금리) 도구에는 공개 시장 운영, 기본 금리 설정, 필수 최소 보유 수준 결정 등이 포함된다. 그리고 재정 집행에 따른 도구에는 공공 지출, 공공 수익 및 적자 지원 방법이 포함될 수 있다. 한편 그 동안 경제흐름이 안정적일 때는 중앙은행은 준칙주의에 입각하여 일정량의 통화량을 유지하는 정책을 취하였다.

중앙은행의 준칙주의는 길게는 애덤 스미스의 작은 정부 또는 자율적인 시장경제 체제인 가격에 의한 자동적인 균형의 달성과도 일맥상통하는 부분이 있다. 이는 미국의 통화주의자들에게 깊은 영감을 주었으며, 실제로 경제가 호황이거나 별다른 문제점 등을 나타내지 않을 경우에는 특히 국가운영에 있어서 중요한 시사점을 제공해 주는 측면이 있다.

그림 2-22 전산업생산지수(농림어업제외)와 이 중의 광공업 현황

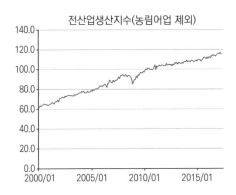

그림 2-23 전산업생산지수(농림어업제외) 중 건설업과 서비스업 현황

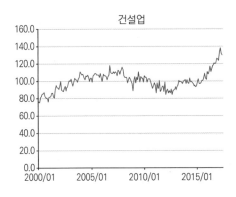
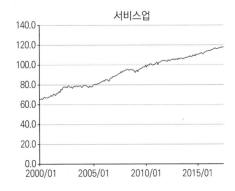

그림 2-24 정부의 안정화 기능 수행 메커니즘의 작동

회계(금리) 정책:
공개시장 운영, 기본 금리 설정 등

↑

정보의 안정화 기능

↓

재정 집행:
공공 지출, 공공 수익 및 적자 지원

한국은행의 경제통계시스템[간편검색]을 통하여 시계열상 해외 주요 주가지수 중 미국의 다우존스, 나스닥, 유럽의 유로 스톡스, 이머징마켓의 홍콩 항생지수 현황(1992년 6월부터 2017년 5월까지)을 살펴보았다(〈그림 2-25〉, 〈그림 2-26〉).

이를 토대로 살펴보면, 이와 같은 해외 주가지수를 통하여 살펴본 결과 미국의 다우존스, 나스닥지수의 지수 흐름으로 살펴볼 경우 2001년 9월과 2009년 초에 경제 내외적인 충격이 발생하였을 경우 통화금융정책 이외에도 필요 시 재정정책을 통한 경제 안정화정책을 통하여 위기(crisis)를 겪어 나갔음을 알 수 있다. 한편 일본의 경우에도 금융정책에 있어서는 마이너스 금리(negative interest rate) 정책을 펼치면서 적극적인 재정정책을 동시에 집행하는 아베노믹스를 적극 추진하기도 하였다. 하지만 일본 정부의 의도와는 달리 세계적인 경기 불안정이 부각되면서 안전한 화폐에 대한 선호현상으로 인한 일본으로의 자금 유입 등 예기치 않은 상황이 발생되기도 하였다. 이와 같이 일본의 장기적인 경기침체의 탈피가 매우 어려운 것에서 볼 수 있듯 적절한 타이밍과 국민들의 적극적인 호응뿐만 아니라 경기의 선순환 구조로의 유도도 정치적이면서도 사회적인 문제 등 복합적 요소로 인해 정부의 의도와는 다른 방향으로 전개될 수도 있는 것이다. 특히 해외경제에서의 반응 또한 정부 정책에서 결코 빠뜨리지 말아야 할 요소이다.

한편 세계적인 불황국면이 발생할 경우에는 통화금융정책 이외에도 적절한 타이밍의 재정정책을 통하여 이를 타개하기 위하여 미국 이외에도 유럽, 이머징마켓 등

에서도 활발히 전개되면서 완만한 경제상승세의 지속과 이를 토대로 한 꾸준한 주가상승 기조가 완만하게나마 이어지고 있는 것으로 판단된다.

특히 2000년대 이후 금리 및 외환, 금융시장 등의 동조화현상이 뚜렷해지고 있다. 이에 따라 하나의 선진국 금융 및 경제시스템의 불안정(unstable)한 흐름은 다른 국가에게도 매우 빠른 속도로 전이되는 특징을 갖고 있다. 이에 따라 예를 들어, 통화의 불안정한 움직임을 예방하기 위한 주요국가들 간의 통화스왑(swap)의 노력이 이루어지기도 한다.

그림 2-25 해외 주요 주가지수 중 미국의 다우존스(단위: 1896.5.26=40.96)와 나스닥(단위: 1971.2.5=100) 현황

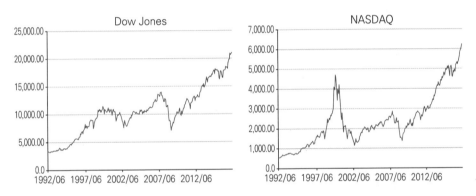

그림 2-26 해외 주요 주가지수 중 유럽의 유로 스톡스(단위: 1989.12.29=1000)와 이머징마켓의 홍콩 항셍(단위: 1964.7.31=100)지수 현황

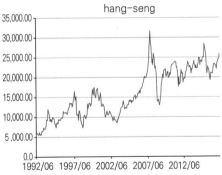

연습문제

✎ **연습문제 2-1**

중앙 정부의 역할에 대한 두 가지 접근법은 무엇이 있는가?

> **정답** 개인주의적 견해와 집단주의적 견해가 있다.

✎ **연습문제 2-2**

중앙 정부의 역할에 대한 두 가지 접근법 중 개인주의적 견해란 무엇인가?

> **정답** 국가 개입이 경제에 바람직하지 않다. 이에 따라 정책의 실효성이 없을 수 있다는 주장이다. 이론적인 토대로는 통화주의학파(밀튼 프리드먼 등)가 있다.

✎ **연습문제 2-3**

중앙 정부의 역할에 대한 두 가지 접근법 중 집단주의적 견해란 무엇인가?

> **정답** 적극적인 국가 개입이 옹호된다. 이것의 이론적인 토대는 케인즈학파이다.

✎ **연습문제 2-4**

공공 부문의 경제와의 연계성과 관련하여 공공 재정에 대하여 설명하시오.

> **정답** 재정 운영, 공공재 제공, 이관 및 특정 행위를 따르는 경제 주체의 행위를 이행하기 위한 관계 및 도구와 관련된 것이다.

✎ 연습문제 2-5

공공 부문의 경제와의 연계성과 관련하여 공공 부문에 대하여 설명하시오.

> **정답** 국가 경제의 특정 부분으로서 민간 기업과 민간 부분의 사적인 영역에 대한 미비점을 국가적 단위에서 해결 또는 지원하고자 하는 것이다.

✎ 연습문제 2-6

공공 부문의 경제와의 연계성과 관련하여 공공 부문의 기관 및 조직에 대하여 설명하시오.

> **정답** 전체 또는 일부에 대하여 공적 자금으로 지원하고 재정 시스템과 연결되어 있다.

✎ 연습문제 2-7

공공 부문의 경제와의 연계성과 관련하여 다른 특수한 특성에 대하여 설명하시오.

> **정답** 소유권, 경영 시스템, 소비자에게 제품을 제공하는 것 등에서 사적인 영역(private sector)과 차이점을 지니고 있다.

✎ 연습문제 2-8

공공 부문을 둘러싸고 있는 유기적인 메커니즘은 어떤 것들이 있는가?

> **정답** 공공 부문은 대중의 선택에 따라 결정되고, 중앙정부 및 지방정부(국가)의 통제하에 있으며, 공공의 이익 실현 및 공동 업무 관리를 목적으로 존재하는 공공의 소유권을 가진 전체 사회(경제 주체: 국가(중앙정부, 지방정부)와 공공부문, 사적인 부문(개인, 기업 등))의 일부분이다. 전적으로 그리고 주로 개인 자본으로 영위되는 민간 부문과 이와 달리 비영리섹터(예를 들어, 시민사회단체) 또는 비정부 부문 등이 있다.

✎ 연습문제 2-9

개발의 원인에 따른 공공 재정의 중요성 대두 원인 중 공공 재정 개발 이유에 대하여 미국과 한국의 경우를 예를 들어 설명해 보시오.

> 정답 미국의 경우 개별 경제주체인 가계와 회사의 경제적 의사 결정으로 인한 결점을 완화하려는 주정부의 의사결정 집행에서 나왔다. 한국의 경우에도 이와 관련된 중앙정부 및 지방정부의 노력이 중요해지고 있다. 이를 달성하기 위해 재정 도구(공공 세입)를 사용하고 있다.

✎ 연습문제 2-10

개발의 원인에 따른 공공 재정의 중요성 대두 원인 중 특정 개발 목적의 준 재정 기금 원칙 준용에 대하여 체코 공화국의 예를 들어 설명하시오.

> 정답 예를 들어, 체코 공화국의 공공 법률 텔레비전은 기업들에게 있어서 텔레비전 면허 수수료를 통해 자금을 조달하고 있다. 이와 같은 공공 재정과 관련된 중요한 또 다른 용어로는 시장 실패가 있다. 즉 시장 실패의 치유과정에서 공공 재정마련과 공공재화 또는 공공서비스의 제공에 대한 중요성이 발생되고 있다.

✎ 연습문제 2-11

파레토 최적의 상태 중 최적의 경제 시스템이란 무엇인가?

> 정답 신고전학파 경제학 개념에서 효율적이고 공정하며 안정적이라고 간주되는 개념이다. 이는 시장 경제 시스템이 해당된다.

✎ 연습문제 2-12

파레토 최적의 상태 중 파레토 최적이란 무엇인가?

정답 한마디로 이상적인 조건인 상태이다. 즉 이것은 관련된 기업 중 누구도 다른 기업의 이익을 저해하거나 악화시키지 않으면서 자신의 지위를 향상시킬 수 없을 때 경제에 존재하는 것을 의미한다. 이는 어떤 기업이 자신의 이익을 향상시키려는 의도가 있는 경우, 다른 기업의 손해를 야기할 수 있다는 것이다. 완전경쟁의 존재는 최적에 도달하기 위해 필요한 요구 사항이다.

✎ 연습문제 2-13

시장 실패의 결과에 대하여 자원 배분과 거시 경제 지표 관련, 부의 분배와 소득의 공평성으로 나누어 설명하시오.

정답 자원 배분 측면에서는 효율성이 없다는 것이다. 거시 경제 지표 관련하여서는 경제가 바람직한 방향에서 벗어나 있다는 것을 의미한다. 부의 분배와 소득의 공평성 측면에서는 공평성이 없다는 특징이 있다.

✎ 연습문제 2-14

재정학과 미시경제학, 거시경제학, 경제학 이외의 과학과의 연계성에 대하여 설명하시오.

정답 재정학과 관련성 및 연계성은 경제학과 경제학 이외로 나눌 수 있는 데 3가지 요소로 간주할 수 있다. 첫째, 효율성의 측면에서 미시 경제학과 연결되고 둘째, 안정성의 측면에서 거시 경제학과 관련되며, 셋째, 공정성의 관점에서 경제학 이외의 과학과 연계성을 갖고 있다.

✎ 연습문제 2-15

시장 실패를 바람직하게 없애거나 적어도 줄이기 위한 국가의 책임 세 가지에 대하여 설명하시오.

정답 자원 배분의 효율성과 안정적인 거시경제 정책, 부의 분배와 소득의 공평성이다.

✎ 연습문제 2-16

시장 실패의 제거를 위한 미시 경제적, 거시 경제적 및 외부 효과적 실패와의 연계성 및 대책에 대하여 설명하시오.

> 정답 자율적인 자동 규제(외부 규제의 내부화)와 정부의 배분 기능. 정부의 재정적인 역할이 필요하다.

✎ 연습문제 2-17

시장 실패와 관련된 메커니즘에 대하여 알아볼 경우 미시 및 거시경제적 실패와 외부효과적 실패로 나누어 설명하시오.

> 정답 시장 실패는 첫째, 할당 기능의 관점에서 미시 경제 실패와 연관되고, 둘째, 안정화 기능의 관점에서 거시 경제적 실패와 관련성이 있다. 셋째, 재분배 기능과 관련하여서는 외부 불경제(external diseconomy) 등의 외부 효과(external effect)와 관련되어 시장 실패가 일어날 수 있다. 이에 대한 대책이 곧 실효성이 있는 시장 실패의 제거와 관련된 정부 정책이 된다.

✎ 연습문제 2-18

시장 실패 중 거시 경제적 실패의 요인에 대하여 설명하시오.

> 정답 순환적 인플레이션과 높은 실업률, 대외 무역 수지 문제 발생, 낮은 생산과 마이너스 성장 등이다.

✎ 연습문제 2-19

정부가 안정화 기능을 수행하기 위해서는 여러 도구를 사용하게 된다. 기본 분류에 따른 두 가지는 무엇인가?

정답 정부가 안정화 기능을 수행하기 위해서는 여러 도구를 사용하게 된다. 기본 분류는 화폐(금리 정책)와 재정 집행(도구)으로 구분할 수 있다. 화폐(금리) 도구에는 공개 시장 운영, 기본 금리 설정, 필수 최소 보유 수준 결정 등이 포함된다. 그리고 재정 집행에 따른 도구에는 공공 지출, 공공 수익 및 적자 지원 방법이 포함될 수 있다.

재정정책과 공공재의 균형

chapter 03
재정정책과 소득 분배의 공정성, 공공재

제1절

재정정책과 소득 분배의 공정성

한국은행의 경제통계시스템[간편검색]을 통하여 시계열상 국제수지 중 경상수지, 상품수지, 상품수출, 상품수입(FOB) 현황(1996년 8월부터 2017년 5월까지)을 살펴보았다 (〈그림 3−1〉, 〈그림 3−2〉). 이를 토대로 살펴보면, 경상수지 그 중에서도 상품수지가 비교적 안정적인 흐름을 나타내고 있다. 특히 상품수입(FOB)보다는 상품수출이 호조세를 이어가면서 나타난 현상으로 분석된다.

경제 이외의 부문에서 시장 실패의 원인은 부와 소득의 분배를 통해 사회의 공정성에 도달하는 것과 관련이 있다. 시장의 원리에는 부의 분배와 상관이 없는 수요와 공급의 법칙과 이를 토대로 하는 가격 메커니즘에 의하여 작동한다. 따라서 시장 논리와 부의 분배와는 아무런 상관이 없다고 하여도 과언이 아닌 것이다.

이 경우 국가는 사회적 공감대에 근거하여 사회적 연대, 사회적 양심, 기부(donation, 자선) 등에 의하여 재분배 역할을 수행하기도 한다. 소득, 즉 부의 재분배와 관련하여서는 앞에서도 지적한 바와 같이 경제적 효율성이 달성된다고 하여 자동적으로 부의 공평성 또는 공정성, 형평성이 달성되지는 않는다. 그리고 정부에서 고소득계층에게는 누진세의 체계를 적용시켜 저소득계층에게 사회혜택이 주어지도록 분배하기도 한다. 이는 고소득계층에게 있어서 조세의 저항 문제가 만들어질 수 있기 때문에 효율성과 동시에 공평성 또는 공정성, 형평성을 가져올 수 있는 적절한 재정정책의 근간이 마련되어야 한다. 이것이야말로 고소득계층이나 저소득계층 모두에게 일정부분 만족할 수 있는 사회적 합의 도출이 이루어지는 과정이다.

이러한 소득 즉 부의 재분배와 관련된 것은 미국을 위시한 모든 국가들에게 있어서 당면한 과제이기도 하다. 즉 부모로부터 이어지는 경제적인 혜택이 아이들이 태어날 때의 초기 부의 형태로서 영향을 끼치기도 하고, 교육에 대한 혜택과 태어날 때부터 아이들의 지능 수준의 차이 등 많은 부분에 있어서 국가의 역할이 고소득계층이나 저소득계층에게 공정한 경쟁의 법칙(rule)의 토대를 제공하기에는 어려

그림 3-1 국제수지 중 경상수지와 상품수지의 현황   (단위: 백만달러)

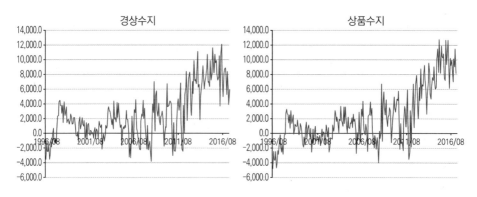

그림 3-2 국제수지 중 상품수출과 상품수입(FOB)의 현황   (단위: 백만달러)

움이 수반될 수밖에 없다.

국가는 두 가지 기본 범주의 도구를 통해 부의 재분배 기능을 수행한다. 첫 번째 항목에는 수입(세금) 및 기타 지출(이전, 보조금 및 보조금)과 관련된 정책이 포함된다.

이와 관련하여 첫째, 저소득 가구에 유리하게 고소득층에 대한 과세로 저소득 가구에게 일종의 보조금 형태로 이체될 수 있는 점진적인 '세제 이전 메커니즘'이다. 둘째, 저소득층을 위한 재화에 대한 보조금과 함께 사치품에 대한 과세를 통해 발생할 수 있다.

즉, 사치품 중과와 생활필수품 경과의 원칙 등이 국세기본법과 관련하여 일관되게 적용이 되어 부의 재분배가 일어날 수 있도록 국가의 재정정책을 취한다는 것이다.

공정성 문제는 소득 불평등과 관련이 있다. 그것의 감시는 사회에 의해 공평하다고 인식될 필요가 있는 재분배를 찾는 역할을 한다. 가장 잘 알려진 도구로는 로

그림 3-3 국가의 소극적인 재분배 역할

그림 3-4 국가의 부의 재분배 기능

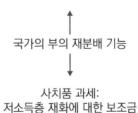

렌츠 곡선이 있는데, 〈그림 3-5〉의 왼쪽과 오른쪽의 그림을 왼쪽 그림의 오른쪽 아래의 구석부분에 맞추어 합치면 된다. 오른쪽 그림의 둥근 원은 실질소득 분배를 의미한다. 이를 통하여 지니 계수를 알 수 있는데, 오른쪽 그림의 C부분과 B부분을 합쳐서 분모로 하고 C부분을 분자로 하여 나누어서 구할 수 있다. 한편 왼쪽 그림의 가로축은 인구의 백분율이고 세로축은 소득의 백분율을 나타낸다.

그림 3-5 로렌츠 곡선의 도입[1]

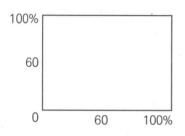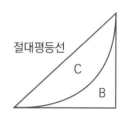

지니계수가 의미하는 것은 무차원의 수이고, 이론적으로 0과 1 사이에 놓이게 된다. 여기서 0은 절대 평등을 의미하고, 1은 절대 불평등을 의미한다. 지니계수의 일반적인 범위는 0.3과 0.6 사이에 놓이게 된다.

이에 따라, 〈그림 3-5〉의 오른쪽 그림의 로렌츠곡선 대각선의 절대평등선에 놓인 숫자들의 조합은 인구의 60%가 소득의 60%를 가진다는 것을 의미하고, 이 경우에 있어서 지니계수는 0이 된다.

〈그림 3-5〉의 오른쪽 그림에서 소득을 기준으로 하였을 경우 소득의 하위로부터 60% 인구가 소득의 대략 19% 정도에서 받게 됨을 나타내고 있다.

---

1 Lorenz, M.O.(1905), "Methods of measuring the concentration of wealth", *Quarterly Publications of the American Statistical Association, 9* (New Series, No. 70), pp. 209~219.

그림 3-6 시장소득(전체가구)과 시장소득(2인 이상 비농가)의 지니계수 현황

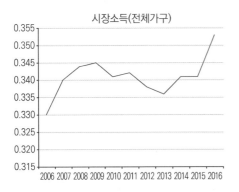

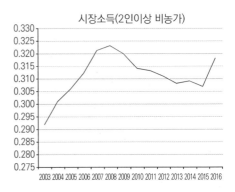

그림 3-7 시장소득(도시 2인 이상)과 처분가능소득(전체가구)의 지니계수 현황

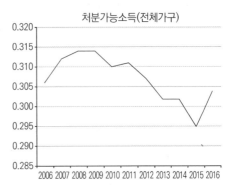

그림 3-8 처분가능소득(2인 이상 비농가)과 처분가능소득(도시 2인 이상)의 지니계수 현황

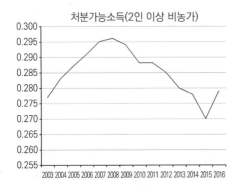

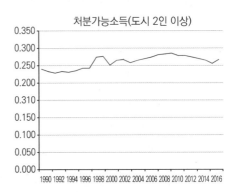

한국은행의 경제통계시스템[간편검색]을 통하여 시장소득(전체가구), 시장소득(2인 이상 비농가), 시장소득(도시 2인 이상), 처분가능소득(전체가구), 처분가능소득(2인 이상 비농가), 처분가능소득(도시 2인 이상)의 지니계수 현황을 살펴보았다(〈그림 3-6〉, 〈그림 3-7〉, 〈그림 3-8〉). 여기서 시계열상 시장소득(전체가구)과 처분가능소득(전체가구)은 2006년부터 2016년까지이고, 시장소득(2인 이상 비농가)과 처분가능소득(2인 이상 비농가)은 2003년부터 2016년까지이다. 그리고 시장소득(도시 2인 이상)과 처분가능소득(도시 2인 이상)은 1990년부터 2016년까지이다.

이를 토대로 살펴보면, 시장소득(2인 이상 비농가)과 시장소득(2인 이상 비농가)은 IMF 직후인 2000년 초임을 감안하면 비교적 소득불평등도가 낮았음을 알 수 있다.

처분가능소득(전체가구)의 경우에 있어서도 비교적 최근 들어서도 높지 않은 상황이 유지되고 있으며, 처분가능소득(2인 이상 비농가)의 경우 2008년과 2009년경의 미국의 서브프라임 모기지 사태 등 대외 경제여건의 불안정성이 반영된 결과 소득불평등도가 이전에 비하여 약간 높은 수준을 나타냈다.

하지만 지니계수의 일반적인 범위인 0.3보다도 낮아서 우려할 만한 수준은 아니었음을 알 수 있다.

처분가능소득(도시 2인 이상)에서도 지니계수의 일반적인 범위인 0.3보다 낮은 수준이어서 소득불평등도가 우려할 만한 수준은 아닌 것으로 판단된다.

우리나라의 경우 지니계수와 관련하여서는 비교적 안정적으로 우려할 만한 수준은 아닌 것으로 종합적으로 판단할 수 있다. 하지만 대외의존도가 높은 경제체제이어서 향후에도 2008년과 2009년경의 미국의 서브프라임 모기지 사태 등의 대외 경제여건의 불안정성이 반영된 결과 소득불평등도가 이전에 비하여 약간 높은 수준을 나타낸 경험이 있고, 2017년 현재 지정학적인(geopolitical) 불안정이 국내경제(domestic economy)에도 영향을 주고 있는 만큼 이러한 경제의 불안정성이 커질 경우에 대내적인 고소득계층과 저소득계층에 있어서 소득 불평등에 미치는 영향은 앞으로도 지속적인 연구와 관찰이 필요할 것으로 판단된다.

가계와 기업 간 경제 관계의 공존과 공공 관계 기관 및 공공 기관과의 경제 관계 및 운영 측면의 공공 재정은 혼합된 경제체제를 야기한다. 그것은 개방 시장 경제체제와 그 반대인 통제된 비 시장 경제 체제 사이의 경계 면에 자리 잡고 있는 것이다. 이와 같은 혼합된 경제는 사적 소유권 외에 공동체적인 공공 소유권을 보장하는 체제가 또한 존재하게 되는 것이다.

이러한 혼합된 경제체제는 수정된 자본주의로 대변되는데, 자본주의에서 오는 개인 간의 그리고 기업 간의 사적인 영역에서 오는 사회적 비용의 처리 문제가 중요한 사회문제로 대두되면서 특히 공공 소유권과 공공재(public goods)의 영역이 생겨난 것이다. 이는 위에서도 지적한 시장실패에 대한 제거와도 관련되어 있다.

그림 3-9 혼합된 경제 체제 메커니즘

개방 시장 경제 체제

혼합된 경제 체제:
공동체적인 공공 소유권 보장

통제된 비 시장 경제 체제

공공 재정이 기반으로 하는 세 가지 원칙은 다음과 같다. 첫째, 비 선택 사항이다. 이는 경제적 단체는 법으로 인해 국가 또는 지방 당국의 공동 예산에 기여해야 한다. 둘째, 환불이 불가하다는 점이다. 다른 금융 또는 거래에서 적용되는 "증거금" 관계가 적용되지 않는다. 이는 세금 납부라는 것이 일방적으로 지출되는 것이고, 이러한 세금 납부로부터 기업들에게 반환되는 금액을 예상할 수 없다는 것이다. 셋째, 고소득계층과 저소득계층에게 동일한 혜택이 주어지지 않는다. 이는 기업의 경우에도 동일하게 적용이 되는데, 예를 들어 기업이 공동 기금에 기여하더라도, 지출된 금액에서 기업에게 돌아오는 이익이 지출된 금액의 양과 관련하여 동등하지 않다. 개인들의 경우에도, 저소득계층은 세금 납부가 적지만 공공 부문에서 제공하는 물품에 대한 상대적 이익은 많은데 고소득계층은 그와 정반대의 현상이 발생하게 되는 것이다.

그림 3-10 공공 재정의 원칙

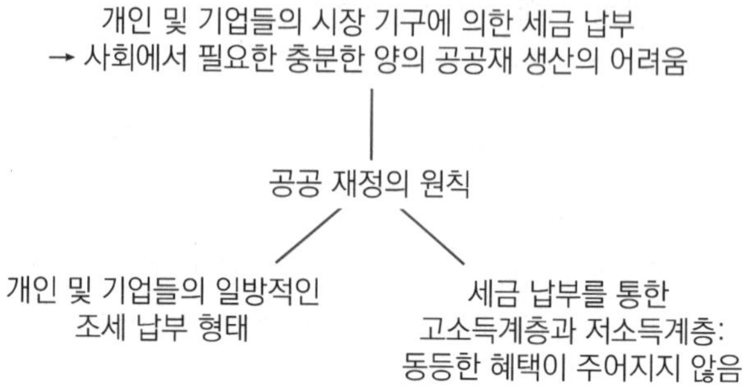

개인 및 기업들의 시장 기구에 의한 세금 납부
→ 사회에서 필요한 충분한 양의 공공재 생산의 어려움

공공 재정의 원칙

개인 및 기업들의 일방적인
조세 납부 형태

세금 납부를 통한
고소득계층과 저소득계층:
동등한 혜택이 주어지지 않음

정부의 실패는 공공 기금 조성에 대한 구체적인 위험으로 작용한다. 정부는 대개 다음 항목에서 실패하고 있다. 첫째, 정부가 취한 조치의 영향을 종종 평가하는 것이 어렵다. 이는 실제 집행에 따른 시점과 이것에 의하여 나타나는 효과에 시간이 오래 걸릴 수가 있기 때문이다. 둘째, 정부에 의하여 재정 집행이 취해진 조치의 결과를 감사하는 것이 제한적일 수 있다는 것이다. 셋째, 정부의 결정은 실제로 집행하는 업무처리 결정기관에 의하여 좌지우지될 수 있다. 넷째, 정치적인 성향에 따라 정부별로 프로세스가 다를 수 있으며, 경제 이론뿐만 아니라 경제적 필요와 다르게 집행될 수 있다.

미국의 경우에 있어서 공공재정은 다음과 같은 과정을 거치면서 발전하였다. 첫째, 20세기 초반에 공적 재정은 종종 "주" 또는 "지방 자치" 또는 "지역" 재정으로 불리곤 하였다. 둘째, 주정부의 경우 주정부 이하의 작은 단위인 자치 지역으로 권한을 이전한 후 주정부 행정과 지방 정부는 서로 다른 두 분야로 나뉘어 발전하였다. 셋째, 주정부 행정과 지방 정부는 전체의 행정부로 연계되어 있다. 넷째, 공공 행정의 구성 요소와 그 주변 환경 간의 재정 운영 및 관계를 "공공 재정"이라고 부르기에 이르렀다.

우리나라의 경우에도 중앙정부와 지방정부로 나뉘어 중앙정부의 역할이 지방정부와 긴밀한 협조의 관계하에 지방재정을 기초로 하여 지방행정이 이루어지고 있다.

그림 3-11 정부의 실패

정부 집행에 대한 영향을 평가하기 어려움 → 집행 시점과 효과가 나타나는 시점의 불일치 문제

정치적 성향: 정부법 프로세스 상이, 경제 이론과 필요성에 다르게 집행될 수 있음

정부의 실패

정부의 재정 집행에 따른 조치의 결과에 대한 감사 제한적일 수 있음

정부 결정: 업무처리 프로세스 단계에서 달라질 수 있음

표 3-1 공공재정의 발전(미국의 경우)

구 분	내 용
종종 "주" 또는 "지방 자치" 또는 "지역" 재정	20세기 초반에 공적 재정
주정부 행정과 지방 정부의 관계	주정부의 경우 주정부 이하의 작은 단위인 자치 지역으로 권한을 이전 한 후 주정부 행정과 지방 정부는 서로 다른 두 분야로 나뉘어 발전
전체의 행정부와의 연계성	주정부 행정과 지방 정부는 전체의 행정부로 연계
현재의 공공(공적) 재정	공공 행정의 구성 요소와 그 주변 환경 간의 재정 운영 및 관계

제2절

공공재정과 공공재

공공재정 개념의 관점에서 볼 때, 규범적 접근에서 긍정적 접근으로의 변화가 나타나고 있다. 즉 규범적 접근은 공제 방법에 더 중점을 두고 공공의 관점과 공공 부문(공리 시스템의 정의를 의미함)에서 정부 정책에 대한 확실한 기반을 정립하려고

한다. 긍정적인 접근법은 주로 다양한 경제적인 실체들에 대한 정부 조치의 영향을 분석할 때 유도 방법을 사용하고 있다.

정부 조치의 영향 분석에는 편익 및 비용 분석방법(benefit cost anlaysis)이 주로 사용되고 있다. 이는 투자비용 대비 편익이 어느 정도 발생되는지에 따라 중요도 순서를 파악하여 민간적인 재무(finance)의 현재가치방법(present value method)이 거의 그대로 정부부문에도 적용된다고 볼 수 있다. 또한 최근 들어 정부의 투자방법도 BTO와 같이 다양한 민간부문과의 협력을 통하여 이루어지기도 한다.

공공 재정과 관련된 이와 같은 개념 및 평가는 이와 같이 정부의 재정 집행 타이밍에 대한 경제적 주체들에 대한 효과 분석을 기초로 하여 피드백(예를 들어, 투표)을 통해 이루어지고 있다.

표 3-2 규범적 접근과 긍정적 접근

구 분	내 용
공공재정 개념의 관점	규범적 접근에서 긍정적 접근으로의 변화
규범적 접근	공제 방법에 더 중점을 두고 공공의 관점과 공공 부문(공리 시스템의 정의를 의미함)에서 정부 정책에 대한 확실한 기반을 정립
긍정적인 접근법	주로 다양한 경제적인 실체들에 대한 정부 조치의 영향을 분석할 때 유도 방법을 사용

신고전주의 경제에 기반한 공공 부문 경제의 기초는 본질적으로 미시경제적인 측면에서 다루어졌다. 하지만 1920년대 말 대공황을 거치면서 거시경제적인 접근이 더욱 일반적인 추세가 되었다. 특히 케인즈학파의 적극적인 시장개입을 통한 재정정책이 이루어진 1930년대부터는 두드러졌다. 이러한 재정학의 거시경제적인 흐름 또는 상황은 현대 위기가 이론적 접근을 다시 미시 경제학으로 옮겼던 1970년대경까지는 지속된 것이다.

결국 재정학에 대한 연구는 경제위기를 겪으면서 미시경제학에서 거시경제학으로 혹은 거시경제학에서 미시경제학으로 옮겨다닌 것이다. 현대의 위기는 급속한 산업발전과 이를 토대로 하는 기업들을 위시한 민간경제 체계의 팽창에서 오는 사회적 비용의 해소 또는 완화와 무관하지 않다.

이와 같이 미시경제학과 거시경제학적 흐름의 재정학분야와의 접목 이외에 금융경제학(monetary policy)과 재정학(public economics 또는 public economics finance)과의 혼합된 정책(policy mix)을 통하여 높은 고용성장과 양질의 일자리의 지속적인 창출을 위한 경제성장, 그리고 낮은 인플레이션율 달성이 현대 경제의 주요 과제 및 정책 방향인 것이다.

표 3-3 재정학의 미시경제적인 접근과 거시경제적인 접근

구 분	내 용
미시경제적인 측면	신고전주의 경제에 기반한 공공 부문 경제의 기초는 본질적으로 미시경제적인 측면임
미시경제적인 측면에서 거시경제적인 접근으로의 변화	1920년대 말 대공황을 거치면서 거시경제적인 접근이 더욱 일반적인 추세가 됨. 특히 케인즈학파의 적극적인 시장개입을 통한 재정정책이 이루어진 1930년대부터는 두드러짐
거시경제적인 접근에서 미시경제적인 접근으로의 변화	재정학의 거시경제적인 흐름 또는 상황은 현대 위기가 이론적 접근을 다시 미시 경제학으로 옮겼던 1970년대경까지는 지속됨

공공재의 경제적 특성과 특질은 다음과 같다. 공공재의 역사적인 측면과 결부하여 고려해 볼 때, 시장에서 충분히 공급되기 어려운 공공재의 경우 공공재화의 형태로 항만, 운하, 도로, 교량의 형태로 제공되어 근대화 및 산업화, 농업국가에서 개발도상국가로의 전환의 기반이 되었다. 최근 들어서는 저출산 및 고령화 문제 해결을 위한 공공서비스 제공으로서 중요성이 더해 가고 있다. 이와 같은 공공재화 및 공공서비스는 막대한 비용이 수반되고 이에 따른 이익도 많은 시간에 걸쳐서 이루어지기 때문에 시장경제체제에서 충분한 양의 공급이 이루어지기 어려운 측면이 있다. 즉 무임승차적인 문제점(free rider problem)이 있어서 시장경제체제에서 공급 자체가 쉽지 않은 측면이 있다.

이에 따라 미시 경제 이론에서는 공공(집단 소비 상품)의 존재가 시장 실패의 원인

중 하나라고 보고 있다. 이와 같은 시장 실패를 제거하려면 재정 할당 기능을 구현해야 한다. 공공재와 관련된 분석은 1954년 폴 사뮤엘슨이 소비에 중점을 두고 수행한 데서 비롯되었다. 한편 공공재는 주로 공공 재정을 통해 지급되고 분배된다.

요즘 정부에서 행하여지고 있는 방식으로는 BTO 등 다양한 방식이 있다. 주로 공공 재정을 통하여 공공재가 공급이 되지만 현재는 정부와 민간부문이 서로 역할을 나누어서 제공하기도 한다.

표 3-4 공공재의 경제적 특성과 특질

구 분	내 용
공공재의 학문적 배경	미시 경제 이론에서는 공공(집단 소비 상품)의 존재가 시장 실패의 원인 중 하나라고 봄. 이와 같은 시장 실패를 제거하려면 재정 할당 기능을 구현해야 함. 공공재와 관련된 분석은 1954년 폴 사뮤엘슨이 소비에 중점을 두고 수행한 데서 비롯됨
공공재와 재정	공공재는 주로 공공 재정을 통해 지급되고 분배됨

상품으로서의 공공재의 성격을 알아보면 다음과 같다. 일부 상품은 소비자에게 대량 구매가 가능하며, 생산이 이루어지지 않거나 유통되지 않는 경우도 있다. 이것들의 시장 가격은 당연히 0이다. 이것들은 화폐를 지불하지 않고 자유롭게 이용할 수 있는 상품이며, 예를 들어, 물과 공기 등이 이에 해당한다.

이것들은 대부분의 시장에서 가격 메커니즘으로부터 작동하는 상품에는 적용되지 않는다. 대부분의 상품에는 배분, 생산 및 유통이 매우 중요하다. 이와 같이 시장에서 판매되는 제품들은 경제적인 논리에 의하여 수요의 법칙과 공급의 법칙에 따라 가격 메커니즘에 의하여 결정된다.

이와 달리 공공재는 시장실패로 인하여 시장에서의 가격 메커니즘이 잘 작동되지 않아서 발생하는 충분한 물자의 공급의 어려움이 수반된다. 이와 같은 시장의 실패의 요인으로는 자연적인 독점(공급물량의 감소와 이에 따른 높은 가격에 따른 소비자(consumer)들의 피해)과 정보가 충분하지 못해서 발생하는 정보의 불완전한 문제점(예를 들어, 도덕적으로 해이한 현상) 등으로 야기되기도 한다.

표 3-5 공공재와 사적재의 성격

구 분	내 용
공공재의 성격	공공재의 경우 일부 상품은 소비자에게 대량 구매가 가능하며, 생산이 이루어지지 않거나 유통되지 않는 경우도 있음. 이것들의 시장 가격은 당연히 0임. 이것들은 화폐를 지불하지 않고 자유롭게 이용할 수 있는 상품이며, 예를 들어, 물과 공기 등이 이에 해당함
사적재의 성격	사적재의 경우 배분, 생산 및 유통이 매우 중요함. 이와 같이 시장에서 판매되는 제품들은 경제적인 논리에 의하여 수요의 법칙과 공급의 법칙에 따라 가격 메커니즘에 의하여 결정됨

이에 따라 공공재와 사적재로 나눌 수 있다. 사적 재화의 경우, 중요한 특성은 소비의 분열성 즉, 소비자의 경쟁 또는 경합성과 소비의 배제성이다.

이와 반면에 공공재는 소비의 불가분성, 즉 각 소비자의 소비의 한계 비용 및 소비로부터의 비경제적인 특성을 특징으로 이루어진다.

이와 같이 공공재는 소비의 불가분성, 즉 각 소비자의 소비의 한계 비용 및 소비로부터의 비경제적인 특성을 특징으로 하고 있기 때문에 위에서도 지적한 바와 같이 무임승차적인 문제(free rider problem)의 해결책이 상당히 어려운 것이다.

이에 따라, 순수한 사적재와 순수한 공공재라는 두 가지 한계 유형의 상품을 구분할 수 있다.

표 3-6 공공재와 사적재의 차이점

구 분	내 용
공공재	소비의 불가분성, 즉 각 소비자의 소비의 한계 비용 및 소비로부터의 비경제적인 특성을 특징으로 이루어짐
사적재	사적 재화의 경우, 그들의 중요한 특성은 소비의 분열성 즉, 소비자의 경쟁 또는 경합성과 소비의 배제성

이제부터 공공재의 중요한 특성 중에 하나인 소비의 불가분성에 대하여 살펴보고자 한다. 우선 경제적인 재화 즉, 사적재의 경우 가장 중요한 속성은 앞에서도

지적한 바와 같이 분열성 즉, 소비자의 경쟁 또는 경합성과 소비의 배제성이다. 이와 같이 사적재의 경우에는 식 (1)과 같이 양과 질로 나눌 수 있다.

$$G_j = Y^{j1} + Y^{j2} + \cdots + Y^{jn} \text{--- (1)}$$

즉, 여기서 G_j는 재화 j의 총 소비에 해당이 되고, $Y^{j1}, Y^{j2}, \cdots, Y^{jn}$은 각각의 소비자 $1,2,\cdots,n$에서 재화 j의 소비를 의미한다. 여기서 의미하는 바는 '재화 j의 총 소비는 모든 부분 소비의 합과 같다'는 것이다.

음식, 옷, 자동차, 전자 제품 등 이와 같이 많은 사적재에게 있어서는 매일에 걸쳐서 소비의 분열성 즉, 소비자의 경쟁 또는 경합성과 소비의 배제성이 이루어지고 있다.

표 3-7 공공재와 사적재의 특성(소비의 불가분성)

구 분	내 용
공공재	소비의 불가분성이 적용됨
사적재	음식, 옷, 자동차, 전자 제품 등 많은 제품들에 있어서는 매일에 걸쳐서 소비의 분열성 즉, 소비자의 경쟁 또는 경합성과 소비의 배제성이 이루어지고 있음

한편, 공공재의 경우에 있어서는 소비의 완전한 불가분성이 적용되고 있는데, 이는 모든 소비자가 같은 양을 소비함을 의미한다. 즉, 공공재의 경우에 있어서는 총 소비량이 부분 소비량의 합계와 같지 않은 반면에, 공공재의 경우에 있어서는 총 소비량은 부분 소비량과 같다. 이에 따라 공공재의 경우에서도 총 소비량과 특정 사용자의 부분 소비량 간의 관계는 다음 식 (2)과 같이 나타낼 수 있다.

표 3-8 재화의 소비관련 공공재의 중요한 특성

구 분	내 용
소비의 완전한 불가분성의 적용	공공재의 경우에 있어서는 소비의 완전한 불가분성이 적용되고 있는데, 이는 모든 소비자가 같은 양을 소비함을 의미함
총 소비량과 부분 소비량의 관계	공공재의 경우에 있어서는 총 소비량이 부분 소비량의 합계와 같지 않은 반면에, 공공재의 경우에 있어서는 총 소비량은 부분 소비량과 같음

$$P_j = \sum_{k=1}^{m} Y^{jk} \text{--} (2)$$

즉, 여기서 P_j는 재화 j의 총 소비에 해당이 되고, $\sum_{k=1}^{m} Y^{jk}$은 각각의 소비자 1,2,$\cdots$,m에서 재화 j의 소비를 의미한다. 여기서 의미하는 바는 '재화 j의 총 소비는 모든 부분 소비량과 같다'는 것이다.

이와 같은 공공재는 가로등, 보안, 방위 등과 같은 물품에 해당된다. 따라서 사적재는 시장에서 가격 메커니즘을 통하여 재화들을 구입할 경우 가로축의 수량을 모두 더하여 시장수요곡선을 도출할 수 있을 경우에 해당한다. 이에 해당하는 사적재의 경우에는 완전한 경쟁적인 시장(perfectly competitive market)을 가정하기 때문에 소비자나 공급자 모두 동일한 시장가격에서 거래가 이루어지기 때문이다.

반면에 공공재의 경우에는 동일한 소비를 누구나 할 수 있으며, 세로축을 기준으로 하여 모두 합하면 시장수요곡선이 된다. 예를 들어, 공공재에 있어서 필요성을 더 느끼는 사람들이 지불하려는 가격수준보다 해당 공공재에서 누리는 혜택이 상대적으로 크지 않다고 느끼는 사람들은 지불하려는 가격수준이 낮기 때문에 이들을 더할 경우 공공재의 시장수요곡선 수준이 되는 것이다.

표 3-9 공공재와 사적재의 비교

구 분	내 용
공공재	가로등, 보안, 방위 등과 같은 물품에 해당함. 동일한 소비를 누구나 할 수 있으며, 세로축을 기준으로 하여 모두 합하면 시장수요곡선이 됨. 예를 들어, 공공재에 있어서 필요성을 더 느끼는 사람들이 지불하려는 가격수준보다 해당 공공재에서 누리는 혜택이 상대적으로 크지 않다고 느끼는 사람들은 지불하려는 가격수준이 낮기 때문에 이들을 더할 경우 공공재의 시장수요곡선 수준이 되는 것
사적재	시장에서 가격 메커니즘을 통하여 재화들을 구입할 경우 가로축의 수량을 모두 더하여 시장수요곡선을 도출할 수 있을 경우에 해당함

사적재에 해당하는 소비의 가분성과 공공재에 해당하는 소비의 불가분성은 공공 재정에 있어서 중요한 미시 경제 이론에 해당한다. 사적재에 해당하는 완전한 가분성과 관련하여 다음과 같은 중요한 결론을 얻을 수 있다. 부분 균형과 일반 균형의 조건 하에서 경제적으로 최적인 상태를 달성하는 것이 가능하다는 것이다.

사적재의 경우에 있어서는 권리증이나 특허권과 같이 완전히 분리된 형태로 사적 재화에 대한 사용이 제한되어 있어서 무임승차적인 문제에서 분리될 수 있는 특징을 지니고 있는 반면에 공공재의 경우에는 그러하지 아니하다는 특징을 갖고 있다.

표 3-10 소비의 가분성과 소비의 불가분성

구 분	내 용
사적재와 공공재	사적재의 소비의 가분성과 공공재에 해당하는 소비의 불가분성은 공공 재정에 있어서 중요한 미시 경제 이론에 해당
완전한 가분성	부분 균형과 일반 균형의 조건하에서 경제적으로 최적인 상태를 달성하는 것이 가능함

각각의 재화들과 경제 주체들에 대해 다음 식 (3)과 같은 규칙이 적용된다.

$$MRTG_{Y,X} = \frac{P_Y}{P_X} = MRSG_{Y,X} \text{---} (3)$$

여기서, 재화는 각각 Y재와 X재 두 가지가 있다. P_Y, P_X는 각각 이들 두 재화인 Y재와 X재의 시장가격들이다. $MRSG_{Y,X}$는 각각 Y재와 X재 두 가지 재화의 소비에 대한 한계대체율을 의미한다. $MRTG_{Y,X}$는 두 재화인 Y재와 X재의 한계전환율을 나타낸다. 이 때 한계전환율은 해당 국가의 노동과 자본을 투입하여 총생산을 극대화할 수 있는 생산가능곡선 상의 기울기를 의미한다. 이 기울기와 시장에서 이들 Y재와 X재의 소비와 관련된 한계대체율의 기울기가 같고, 이것이 해당 재화들인 Y재와 X재의 가격비율인 $\frac{P_Y}{P_X}$와 같아질 때 그 해당 국가의 국민들은 경쟁시장에서 파레토 최적인 상태에 도달하고 국가 경제의 시스템이 안정적으로 유지하게 된다는

표 3-11 $MRSG_{Y,X}$와 $MRTG_{Y,X}$의 관계

구 분	내 용
$MRSG_{Y,X}$	각각 Y재와 X재 두 가지 재화의 소비에 대한 한계대체율
$MRTG_{Y,X}$	두 재화인 Y재와 X재의 한계전환율을 의미함. 이 때 한계전환율은 해당 국가의 노동과 자본을 투입하여 총생산을 극대화할 수 있는 생산가능곡선 상의 기울기를 나타냄. 해당 국가의 각각의 기업들의 경우에 있어서 생산비율과 관련하여서는 한계의 기술적인 대체율이라고 다른 표현을 사용하기도 함
파레토 최적과 국가 경제의 시스템의 안정성	$MRTG_{Y,X}$의 기울기와 시장에서 이들 Y재와 X재의 소비와 관련된 한계대체율의 기울기가 같고, 이것이 해당 재화들인 Y재와 X재의 가격비율인 $\dfrac{P_Y}{P_X}$와 같아질 때 그 해당 국가의 국민들은 경쟁시장에서 파레토 최적인 상태에 도달하고 국가 경제의 시스템이 안정적으로 유지하게 된다는 의미

의미이다.

재화의 완전한 가분성의 결과로 다음과 같은 요인들이 적용되고 있다. 첫째, 재화의 생산을 위한 자원 배분은 가격 체계의 도움으로 효과적일 수 있다. 둘째, 개인 소비자 간에 경쟁이 있다. 개인 소비자들은 하나의 재화 소비에 대하여 동시에 다른 선호도를 나타낼 수 없다. 즉 동일한 가격을 전제로 할 때, 소비자 K와 N이 소비하는 다른 재화의 양에 대하여 $MU_K = MU_N$이 되도록 소비할 때 전체 소비자들에게 있어서 만족감의 합이 극대화되는 것이다. 이는 한계효용이 균등하게 되는 법칙으로 설명이 되는 것이다. 그리고 가격이 달라지면 각각의 한계효용에다가 해당 재화의 가격으로 나누어서 한계효용이 균등하게 되면 가능해진다. 이러한 '한계효용의 균등'은 소비자 K와 N의 마지막 소비 한 단위가 결국 같아지는 것을 의미하는 것이다. 이와 같은 $MRSG_{Y,X} = \dfrac{P_Y}{P_X}$에서 결국 경쟁시장에서는 식 (4)와 같이 생산 단위의 한계 비용 MC와도 같아지게 된다.

$$MC = MU_k = MU_N \text{--} (4)$$

표 3-12 재화의 완전한 가분성의 결과

구 분	내 용
가격 체계의 역할	재화의 생산을 위한 자원 배분은 가격 체계의 도움으로 효과적일 수 있음
한계효용의 균등성	개인 소비자 간에 경쟁이 있다. 개인 소비자들은 하나의 재화 소비에 대하여 동시에 다른 선호도를 나타낼 수 없다. 즉 동일한 가격을 전제로 할 때, 소비자 K와 N이 소비하는 다른 재화의 양에 대하여 $MU_K = MU_N$이 되도록 소비할 때 전체 소비자들에게 있어서 만족감의 합이 극대화되는 것이다. 이는 한계효용이 균등하게 되는 법칙으로 설명이 되는 것이다. 그리고 가격이 달라지면 각각의 한계효용에다가 해당 재화의 가격으로 나누어서 한계효용이 균등하게 되면 가능해진다. 이러한 '한계효용의 균등'은 소비자 K와 N의 마지막 소비 한 단위가 결국 같아지는 것을 의미하는 것임

이에 따라, 위에서 지적한 바와 같이 사적재의 경우에 있어서 시장 수요는 부분 수요의 수평 합으로 정의된다.

이는 '보이지 않는 손'인 가격 메커니즘에 의하여 시장에서 작동하게 되어, 해당 재화에게 경쟁시장에서 동일한 가격 수준으로 하여 수평적으로 더해나가면 전체 시장의 수요로 합계된다는 것이다.

표 3-13 사적재의 경우 전체 시장의 수요의 합계

구 분	내 용
사적재의 경우 정의	시장 수요는 부분 수요의 수평 합으로 정의
전체 시장의 수요의 합계	'보이지 않는 손'인 가격 메커니즘에 의하여 시장에서 작동하게 되어, 해당 재화에게 경쟁시장에서 동일한 가격 수준으로 하여 수평적으로 더해나가면 전체 시장의 수요로 합계

완전히 분리할 수 없는 제품의 경우, 즉 공공재는 한 소비자의 소비로 다른 소비자의 소비가 감소하지 않으며 다음과 같이 적용된다.

첫째, '소비는 비경쟁적이다'는 측면이다. 소비자는 자신의 선호도를 공개하지 않는다. 특히 무임승차를 하려는 사람의 경우 의도적으로 자신의 선호도를 나타내지 않는다. 그 이유는 공공재의 경우 돈을 지불하고 사용하려는 의도가 없기 때문이다.

표 3-14 공공재의 경우

구 분	내 용
완전히 분리할 수 없는 제품의 경우	공공재는 한 소비자의 소비로 다른 소비자의 소비가 감소하지 않음
'소비는 비경쟁적이다'는 측면	소비자는 자신의 선호도를 공개하지 않는다. 특히 무임승차를 하려는 사람의 경우 의도적으로 자신의 선호도를 나타내지 않는다. 그 이유는 공공재의 경우 돈을 지불하고 사용하려는 의도가 없기 때문이다.

둘째, 가격 메커니즘을 통해 효과적인 할당 결정을 내리기가 어렵거나 불가능하다. 그렇지만, 위에서도 언급한 바와 같이 공공재에 대한 수요는 수직의 부분 수요의 합으로서 나타낼 수 있다.

한 단위씩 공공재에 대한 소비자의 수요가 늘어날 때, 즉 두 소비자 K와 N만이 특정 시장에 있다고 할 경우 한계의 효용수준의 합이 생산의 한계적인 비용과 같을 때 식 (5)와 같이 균형이 존재한다.

표 3-15 공공재에 대한 수요와 생산의 한계적인 비용

구 분	내 용
공공재에 대한 수요는 수직의 부분 수요의 합	가격 메커니즘을 통해 효과적인 할당 결정을 내리기가 어렵거나 불가능하다. 그렇지만, 위에서도 언급한 바와 같이 공공재에 대한 수요는 수직의 부분 수요의 합으로서 나타낼 수 있다.
균형의 관점	한 단위씩 공공재에 대한 소비자의 수요가 늘어날 때, 즉 두 소비자 K와 N만이 특정 시장에 있다고 할 경우 한계의 효용수준의 합이 생산의 한계적인 비용과 같을 때 균형이 존재한다.

$$MC = MU_K + MU_N = MU_M \text{---} (5)$$

여기서 MU_M은 시장에 두 소비자 K와 N만이 이 시장에 있다고 할 경우의 합이다. 이 관계로부터, 사적재 혹은 민간재와는 다르게 소비자 A와 B가 공공재의 경우 소비하는 것은 효용 수준에서 동일할 필요가 없다.

즉, 공공재의 경우에는 꼭 필요하지는 않지만 있으면 이용하겠다고 생각하여 돈을 지불하지 않고 이용하려는 사람과 해당 공공재가 꼭 필요한 사람의 경우에 효용 수준이 같지 않기 때문이다.

표 3-16 공공재와 효용

구 분	내 용
소비자 A와 B가 공공재의 경우 소비	MU_M은 시장에 두 소비자 K와 N만이 이 시장에 있다고 할 경우의 합이다. 이 관계로부터, 사적재 혹은 민간재와는 다르게 소비자 A와 B가 공공재의 경우 소비하는 것은 효용 수준에서 동일할 필요가 없다.
효용 수준	공공재의 경우에는 꼭 필요하지는 않지만 있으면 이용하겠다고 생각하여 돈을 지불하지 않고 이용하려는 사람과 해당 공공재가 꼭 필요한 사람의 경우에 효용 수준이 같지 않기 때문이다.

앞에서도 지적한 바와 같이 소비자가 가격을 통해 자신의 선호도(MU)를 공개하는 것이 불가능한 경우, 이 공공재에 대한 소비를 "지불"하지 않는 소비자를 제외할 수 없다. 이것은 돈을 지불하지 않고 이용하려는 사람의 예이다.

이 현실과 관련된 문제는 두 가지 기본 수준에서 발견할 수 있다. 그 중 하나는 공공재의 경우 기능이 없는 가격 메커니즘으로 인한 공공재의 비효율적인 배분과 관련된 시장 메커니즘의 실패를 살펴보는 이론적인 수준이다.

두 번째 단계는 실용적인 문제로서, 공공재의 적절한 양과 구조를 둘러싼 문제와 모든 관련 소비자들 사이의 생산 원가 할당에 관한 질문에 반영되어 있다.

결국 돈을 지불하지 않으려는 소비자들 때문에 꼭 필요한 공공재의 적절한 양이 공급되지 않을 수 있으며, 결국 한계적인 비용이 0이 될 수도 있다는 것이다.

또 다른 특징의 공공재의 성격은 소비자 집단에서의 선택과 소비이다. 이것은 다양한 원리와 관계되어 있는데, 지리적(효용은 특정 영역의 사람들을 위한 것임), 기술적

표 3-17 공공재의 현실과 관련된 문제

구 분	내 용
공공재의 경우 기능이 없는 가격 메커니즘 문제	공공재의 경우 기능이 없는 가격 메커니즘으로 인한 공공재의 비효율적인 배분과 관련된 시장 메커니즘의 실패를 살펴보는 이론적인 수준이다. 소비자가 가격을 통해 자신의 선호도(MU)를 공개하는 것이 불가능한 경우, 이 공공재에 대한 소비를 "지불"하지 않는 소비자를 제외할 수 없다. 이것은 돈을 지불하지 않고 이용하려는 사람의 예이다.
공공재의 적절한 양과 구조를 둘러싼 문제	두 번째 단계는 실용적인 문제로서, 공공재의 적절한 양과 구조를 둘러싼 문제와 모든 관련 소비자들 사이의 생산 원가 할당에 관한 질문에 반영되어 있다. 결국 돈을 지불하지 않으려는 소비자들 때문에 꼭 필요한 공공재의 적절한 양이 공급되지 않을 수 있으며, 결국 한계적인 비용이 0이 될 수도 있다는 것이다.

표 3-18 공공재의 또 다른 특징: 소비자 집단에서의 선택과 소비

구 분	내 용
지리적	효용은 특정 영역의 사람들을 위한 것임
기술적	TV 신호, Wi-Fi 네트워크와 같은 특정 기술에 유용함
법률적	공공의 이익은 특정 조건, 특정 그룹에 속한 일부 사람들에게만 사용 가능

(TV 신호, Wi-Fi 네트워크와 같은 특정 기술에 유용함), **법률적**(공공의 이익은 특정 조건, 특정 그룹에 속한 일부 사람들에게만 사용 가능) 등 세 가지이다.

다음은 공공재 및 외부 효과와 관련된 것이다. 완전히 분리할 수 없는 제품, 즉 소비에서 나눌 수 없는 순수한 공공재에는 실제로 외부효과가 존재한다. 이러한 외부 효과는 의도하지 않게 두 당사자 간의 내부 관계에 제3의 변수가 영향을 미치게 되는 것이다.

여기에서 긍정적인 외부효과에는 외부경제성이 있고, 부정적인 외부효과에는 외부불경제성이 있다.

한국은행의 경제통계시스템[간편검색]을 통하여 공공재 생산과 밀접한 관련성이 있는 일반정부(산출액), 일반정부(시장산출 및 자가최종사용목적산출), 비금융공기업(산출액), 금융공기업(산출액)의 현황(시계열상 2007년부터 2016년까지)을 살펴보았다(〈그림 3-12〉, 〈그림 3-13〉).

이를 토대로 살펴보면, 일반정부의 산출액, 일반정부의 시장산출 및 자가최종사용목적산출, 금융공기업(산출액)은 분석 기간동안 꾸준한 상승 추세를 나타내고 있지만, 비금융공기업의 산출액은 2014년 이후 하락세를 보이고 있다.

그림 3-12 일반정부(산출액)와 일반정부(시장산출 및 자가최종사용목적산출)의 현황(단위: 십억원)

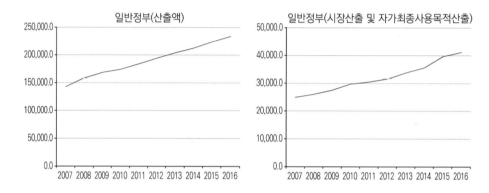

그림 3-13 비금융공기업(산출액), 금융공기업(산출액)의 현황　　(단위: 십억원)

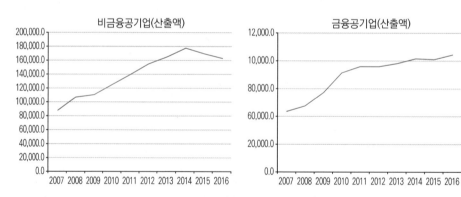

표 3-19 외부효과

구 분	내 용
순수한 공공재	외부효과가 존재한다. 외부효과는 의도하지 않게 두 당사자 간의 내부 관계에 제3의 변수가 영향을 미치게 되는 것이다.
외부효과의 종류	긍정적인 외부효과에는 외부경제성이 있고, 부정적인 외부효과에는 외부불경제성이 있다.

연습문제

✎ 연습문제 3-1

경제 이외의 부문에서 시장 실패의 원인 중에서 부와 소득의 분배를 통해 사회의 공정성에 도달하는 것과 관련이 있다. 이와 관련된 국가의 부와 소득의 소극적인 재분배의 역할은 어떤 것들이 있는가?

> 정답 국가는 사회적 공감대에 근거하여 사회적 연대, 사회적 양심, 기부(donation, 자선) 등에 의하여 재분배 역할을 수행하기도 한다.

✎ 연습문제 3-2

국가는 두 가지 기본 범주의 도구를 통해 부의 재분배 기능을 수행한다. 이 두 가지의 기본 범주의 도구에 대하여 설명하시오.

> 정답 첫 번째 항목에는 수입(세금) 및 기타 지출(이전, 보조금 및 보조금)과 관련된 정책이 포함된다. 이와 관련하여 첫째, 저소득 가구에 유리하게 고소득층에 대한 과세로 저소득 가구에게 일종의 보조금 형태로 이체될 수 있는 점진적인 '세제 이전 메커니즘'이다. 둘째, 저소득층을 위한 재화에 대한 보조금과 함께 사치품에 대한 과세를 통해 발생할 수 있다. 즉, 사치품 중과와 생활필수품 경과의 원칙 등이 국세기본법과 관련하여 일관되게 적용이 되어 부의 재분배가 일어날 수 있도록 국가의 재정정책을 취한다는 것이다.

✎ 연습문제 3-3

가계와 기업 간 경제 관계의 공존과 공공 관계 기관 및 공공 기관과의 경제 관계 및 운영 측면의 공공 재정은 혼합된 경제체제를 야기한다. 이러한 혼합된 경제 체제의 특징이 개방 시장 경제 체제와 통제된 비 시장 경제 체제와의 차이점은 무엇인가?

> **정답** 혼합된 경제 체제는 개방 시장 경제체제와 그 반대인 통제된 비 시장 경제 체제 사이의 경계 면에 자리 잡고 있다. 이와 같은 혼합된 경제는 사적 소유권 외에 공동체적인 공공 소유권을 보장하는 체제가 또한 존재하게 된다.

✎ 연습문제 3-4

공공 재정이 기반으로 하는 세 가지 원칙(즉 공공 재정의 원칙)은 무엇인가?

> **정답** 첫째, 비 선택 사항이다. 이는 경제적 단체는 법으로 인해 국가 또는 지방 당국의 공동 예산에 기여해야 한다는 것이다. 둘째, 환불이 불가하다는 점이다. 다른 금융 또는 거래에서 적용되는 "증거금" 관계가 적용되지 않는다. 이는 세금 납부라는 것이 일방적으로 지출되는 것이고, 이러한 세금 납부로부터 기업들에게 반환되는 금액을 예상할 수 없다는 것이다. 셋째, 고소득계층과 저소득계층에게 동일한 혜택이 주어지지 않는다.

✎ 연습문제 3-5

정부의 실패란 무엇인지 쓰시오.

> **정답** 첫째, 정부가 취한 조치의 영향을 종종 평가하는 것이 어렵다. 이는 실제 집행에 따른 시점과 이것에 의하여 나타나는 효과에 시간이 오래 걸릴 수가 있기 때문이다. 둘째, 정부에 의하여 재정 집행이 취해진 조치의 결과를 감사하는 것이 제한적일 수 있다는 것이다. 셋째, 정부의 결정은 실제로 집행하는 업무처리 결정기관에 의하여 좌지우지될 수 있다. 넷째, 정치적인 성향에 따라 정부별로 프로세스가 다를 수 있으며, 경제 이론뿐만 아니라 경제적 필요와 다르게 집행될 수 있다.

✎ 연습문제 3-6

미국의 경우에 있어서 공공재정은 어떠한 과정을 거치면서 발전하였는지 쓰시오.

첫째, 20세기 초반에 공적 재정은 종종 "주" 또는 "지방 자치" 또는 "지역" 재정으로 불리곤 하였다. 둘째, 주정부의 경우 주정부 이하의 작은 단위인 자치 지역으로 권한을 이전 한 후 주정부 행정과 지방 정부는 서로 다른 두 분야로 나뉘어 발전하였다. 셋째, 주정부 행정과 지방 정부는 전체의 행정부로 연계되어 있다. 넷째, 공공 행정의 구성 요소와 그 주변 환경 간의 재정 운영 및 관계를 "공공 재정"이라고 부르기에 이르렀다.

✎ 연습문제 3-7

공공 재정 개념의 관점에서 볼 때, 규범적 접근에서 긍정적 접근으로의 변화가 나타나고 있다. 이들 두 가지 접근에 대한 차이점을 설명하시오.

규범적 접근은 공제 방법에 더 중점을 두고 공공의 관점과 공공 부문(공리 시스템의 정의를 의미함)에서 정부 정책에 대한 확실한 기반을 정립하려고 한다. 긍정적인 접근법은 주로 다양한 경제적인 실체들에 대한 정부 조치의 영향을 분석할 때 유도 방법을 사용하고 있다. 공공 재정과 관련된 이와 같은 개념 및 평가는 이와 같이 정부의 재정 집행 타이밍에 대한 경제적 주체들에 대한 효과 분석을 기초로 하여 피드백(예를 들어, 투표)을 통해 이루어지고 있다.

✎ 연습문제 3-8

재정학의 미시경제적인 접근과 거시경제적인 접근에서 미시경제적인 측면은 무엇을 강조하고 있는지 설명하시오.

신고전주의 경제에 기반한 공공 부문 경제의 기초는 본질적으로 미시경제적인 측면에 해당한다.

✎ 연습문제 3-9

재정학의 미시경제적인 접근과 거시경제적인 접근에서 미시경제적인 측면에서 거시경제적인 접근으로의 변화란 무엇인지 설명하시오.

1920년대 말 대공황을 거치면서 거시경제적인 접근이 더욱 일반적인 추세가 되었다. 특히 케인즈학파의 적극적인 시장개입을 통한 재정정책이 이루어진 1930년대부터는 이러한 경향이 두드러졌다. 특히 재정학의 거시경제적인 흐름 또는 상황은 현대 위기가 이론적 접근을 다시 미시 경제학으로 옮겼던 1970년대 경까지는 지속되었다.

✎ 연습문제 3-10

공공재의 경제적 특성과 특질은 무엇인지 설명하시오.

시장에서 충분히 공급되기 어려운 공공재의 경우 공공재화의 형태로 항만, 운하, 도로, 교량의 형태로 제공되어 근대화 및 산업화, 농업국가에서 개발도상국가로의 전환의 기반이 되었다. 최근 들어서는 저출산 및 고령화 문제 해결을 위한 공공서비스 제공으로서 중요성이 더해 가고 있다. 이와 같은 공공재화 및 공공서비스는 막대한 비용이 수반되고 이에 따른 이익도 많은 시간에 걸쳐서 이루어지기 때문에 시장경제체제에서 충분한 양의 공급이 이루어지기 어려운 측면이 있다. 즉 무임승차적인 문제점 (free rider problem)이 있어서 시장경제체제에서 공급 자체가 쉽지 않은 측면이 있다. 이에 따라 미시 경제 이론에서는 공공(집단 소비 상품)의 존재가 시장 실패의 원인 중 하나라고 보고 있다. 이와 같은 시장 실패를 제거하려면 재정 할당 기능을 구현해야 한다. 공공재와 관련된 분석은 1954년 폴 사뮤엘슨이 소비에 중점을 두고 수행한데서 비롯되었다. 한편 공공재는 주로 공공 재정을 통해 지급되고 분배된다.

✎ 연습문제 3-11

공공재의 성격은 무엇인지 설명하시오.

공공재의 성격은 다음과 같다. 공공재의 경우 일부 상품은 소비자에게 대량 구매가 가능하며, 생산이 이루어지지 않거나 유통되지 않는 경우도 있다. 이것들의 시장 가격은 당연히 0이다. 이것들은 화폐를 지불하지 않고 자유롭게 이용할 수 있는 상품이며, 예를 들어, 물과 공기 등이 이에 해당한다.

✎ 연습문제 3-12

사적재의 성격은 무엇인지 설명하시오.

정답 사적재의 성격은 다음과 같다. 사적재의 경우 배분, 생산 및 유통이 매우 중요하다. 이와 같이 시장에서 판매되는 제품들은 경제적인 논리에 의하여 수요의 법칙과 공급의 법칙에 따라 가격 메커니즘에 의하여 결정된다.

✎ 연습문제 3-13

공공재과 사적재의 차이점에 대하여 설명하시오.

정답 공공재는 소비의 불가분성, 즉 각 소비자의 소비의 한계 비용 및 소비로부터의 비경제적인 특성을 특징으로 이루어진다. 사적 재화의 경우, 그들의 중요한 특성은 소비의 분열성 즉, 소비자의 경쟁 또는 경합성과 소비의 배제성이다. 이에 따라, 순수한 사적재와 순수한 공공재라는 두 가지 한계 유형의 상품을 구분할 수 있다.

✎ 연습문제 3-14

소비의 불가분성 관점에서 공공재와 사적재의 특성을 비교하여 설명하시오.

정답 공공재는 소비의 불가분성이 적용된다. 반면에 사적재의 경우 음식, 옷, 자동차, 전자제품 등 많은 제품들에 있어서 매일에 걸쳐서 소비의 분열성 즉, 소비자의 경쟁 또는 경합성과 소비의 배제성이 이루어지고 있다.

✎ 연습문제 3-15

재화의 소비관련 공공재의 중요한 특성에 대하여 설명하시오.

정답 첫째, 공공재의 경우에 있어서는 소비의 완전한 불가분성이 적용되고 있는데, 이는 모든 소비자가 같은 양을 소비함을 의미하고 있다. 즉, 공공재의 경우에 있어서는 총 소비량이 부분 소비량의 합계와 같지 않은 반면에, 공공재의 경우에 있어서는 총 소비량은 부분 소비량과 같다.

✎ 연습문제 3-16

공공재와 사적재에 대하여 시장의 가격 메커니즘의 관점에서 비교하여 설명하시오.

> 정답 공공재에는 가로등, 보안, 방위 등과 같은 물품이 이에 해당한다. 동일한 소비를 누구나 할 수 있으며, 세로축을 기준으로 하여 모두 합하면 시장수요곡선이 된다. 예를 들어, 공공재에 있어서 필요성을 더 느끼는 사람들이 지불하려는 가격수준보다 해당 공공재에서 누리는 혜택이 상대적으로 크지 않다고 느끼는 사람들은 지불하려는 가격수준이 낮기 때문에 이들을 더 할 경우 공공재의 시장수요곡선 수준이 되는 것이다.
> 반면에 사적재는 시장에서 가격 메커니즘을 통하여 재화들을 구입할 경우 가로축의 수량을 모두 더 하여 시장수요곡선을 도출할 수 있을 경우에 해당한다.

✎ 연습문제 3-17

소비의 가분성과 소비의 불가분성의 관점에서 나누어 설명하시오.

> 정답 사적재의 소비의 가분성과 공공재에 해당하는 소비의 불가분성은 공공 재정에 있어서 중요한 미시 경제 이론에 해당하고 있는데, 사적재에 해당하는 완전한 가분성의 경우 부분 균형과 일반 균형의 조건 하에서 경제적으로 최적인 상태를 달성하는 것이 가능하다는 것이다.

✎ 연습문제 3-18

$MRSG_{Y,X}$와 $MRTG_{Y,X}$의 관점에서 다음과 같이 설명할 수 있다. $MRSG_{Y,X}$는 각각 Y재와 X재 두 가지 재화의 소비에 대한 한계대체율을 의미한다. $MRTG_{Y,X}$는 두 재화인 Y재와 X재의 한계전환율을 의미한다. 이 때 한계전환율은 해당 국가의 노동과 자본을 투입하여 총생산을 극대화할 수 있는 생산가능곡선 상의 기울기를 나타낸다. 해당 국가의 각각의 기업들의 경우에 있어서 생산비율과 관련하여서는 한계의 기술적인 대체율이라고 다른 표현을 사용한다.

이에 따라 파레토 최적과 국가 경제의 시스템의 안정성이란 무엇인지 설명하시오.

정답 $MRTG_{Y,X}$의 기울기와 시장에서 이들 Y재와 X재의 소비와 관련된 한계대체율의 기울기가 같고, 이것이 해당 재화들인 Y재와 X재의 가격비율인 $\frac{P_Y}{P_X}$와 같아질 때 그 해당 국가의 국민들은 경쟁시장에서 파레토 최적인 상태에 도달하고 국가 경제의 시스템이 안정적으로 유지하게 된다는 의미이다.

연습문제 3-19

재화의 완전한 가분성의 결과에 대하여 설명하시오.

정답 가격 체계의 역할에 의하여 재화의 생산을 위한 자원 배분이 이와 같은 가격 체계의 도움으로 효과적 일 수 있다. 그리고 한계효용의 균등성 관점에서 다음과 같이 설명할 수 있다. 개인 소비자 간에 경쟁이 있으며, 개인 소비자들은 하나의 재화 소비에 대하여 동시에 다른 선호도를 나타낼 수 없다. 즉 동일한 가격을 전제로 할 때, 소비자 K와 N이 소비하는 다른 재화의 양에 대하여 $MU_K = MU_N$이 되도록 소비할 때 전체 소비자들에게 있어서 만족감의 합이 극대화되는 것이다. 이는 한계효용이 균등하게 되는 법칙으로 설명이 되는 것이다. 그리고 가격이 달라지면 각각의 한계효용에다가 해당 재화의 가격으로 나누어서 한계효용이 균등하게 되면 가능해진다. 이러한 '한계효용의 균등'은 한정된 예산으로서 소비자 K와 N의 마지막 소비한 단위가 결국 같아지는 것을 의미하는 것이다.

연습문제 3-20

사적재의 경우 전체 시장의 수요의 합계는 어떻게 계산되는지 설명해 보시오.

정답 사적재의 경우에 있어서는 시장 수요는 부분 수요의 수평 합으로 정의된다. 즉 '보이지 않는 손'인 가격 메커니즘에 의하여 시장에서 작동하게 되어, 해당 재화에게 경쟁 시장에서 동일한 가격 수준으로 하여 수평적으로 더해나가면 전체 시장의 수요로 합계된다.

연습문제 3-21

공공재에 대하여 완전히 분리할 수 없는 제품이라는 것과 '소비는 비경쟁적이다'는 측면에서 설명하시오.

정답 완전히 분리 할 수 없는 제품의 경우라는 것은 공공재는 한 소비자의 소비로 다른 소비자의 소비가 감소하지 않는다는 특징이 있다. 그리고 '소비는 비경쟁적이다'는 측면은 소비자는 자신의 선호도를 공개하지 않으며, 특히 무임승차를 하려는 사람의 경우 의도적으로 자신의 선호도를 나타내지 않는다고 간주한다. 그 이유는 공공재의 경우 돈을 지불하고 사용하려는 의도가 없기 때문이다. 이와 같은 문제 때문에 발생하는 것이 '소비는 비경쟁적이다'라는 측면이다.

✎ 연습문제 3-22

공공재에 대한 수요와 생산의 한계적인 비용에 대하여 설명하시오.

정답 첫째, 공공재에 대한 수요는 수직의 부분 수요의 합이라는 것이다. 즉 가격 메커니즘을 통해 효과적인 할당 결정을 내리기가 어렵거나 불가능하다. 그렇지만, 공공재에 대한 수요는 수직의 부분 수요의 합으로서 나타낼 수 있다. 이에 의한 한 단위씩 공공재에 대한 소비자의 수요가 늘어날 때, 즉 두 소비자 K와 N 만이 특정 시장에 있다고 할 경우 한계의 효용수준의 합이 생산의 한계적인 비용과 같을 때 균형이 존재한다.

✎ 연습문제 3-23

공공재와 효용에 대하여 설명하시오.

정답 소비자 A와 B가 공공재의 경우 소비에 있어서 한계효용 MU_M은 시장에 두 소비자 K와 N 만이 이 시장에 있다고 할 경우의 합이다. 이 관계로부터, 사적재 혹은 민간재와는 다르게 소비자 A와 B가 공공재의 경우 소비하는 것은 효용 수준에서 동일할 필요가 없다. 즉 공공재의 경우에는 꼭 필요하지는 않지만 있으면 이용하겠다고 생각하여 돈을 지불하지 않고 이용하려는 사람과 해당 공공재가 꼭 필요한 사람의 경우에 효용 수준이 같지 않기 때문이다.

✎ 연습문제 3-24

공공재의 현실과 관련된 문제들에 대하여 설명하시오.

정답 첫째, 공공재의 경우 기능이 없는 가격 메커니즘 문제점을 갖고 있다. 공공재의 경우 기능이 없는 가격 메커니즘으로 인한 공공재의 비효율적인 배분과 관련된 시장 메커니즘의 실패를 살펴보는 이론적인 수준이다. 소비자가 가격을 통해 자신의 선호도(MU)를 공개하는 것이 불가능한 경우, 이 공공재에 대한 소비를 "지불"하지 않는 소비자를 제외할 수 없다. 이것은 화폐(돈)를 지불하지 않고 이용하려는 사람의 예이다. 둘째, 공공재의 적절한 양과 구조를 둘러싼 문제점이다. 두 번째 단계는 실용적인 문제로서, 공공재의 적절한 양과 구조를 둘러싼 문제와 모든 관련 소비자들 사이의 생산 원가 할당에 관한 질문에 반영되어 있다. 결국 돈을 지불하지 않으려는 소비자들 때문에 꼭 필요한 공공재의 적절한 양이 공급되지 않을 수 있으며, 결국 한계적인 비용이 0이 될 수도 있다는 것이다.

✎ 연습문제 3-25

공공재의 성격에서 소비자 집단에서의 선택과 소비에 대하여 설명하시오.

정답 이것은 다양한 원리와 관계되어 있는데, 지리적(효용은 특정 영역의 사람들을 위한 것임), 기술적(TV 신호, Wi-Fi 네트워크와 같은 특정 기술에 유용함), 법률적(공공의 이익은 특정 조건, 특정 그룹에 속한 일부 사람들에게만 사용 가능) 등 세 가지이다.

✎ 연습문제 3-26

순수한 공공재의 관점에서 외부효과에 대하여 설명하시오.

정답 순수한 공공재의 경우 외부효과가 존재한다. 외부 효과는 의도하지 않게 두 당사자 간의 내부 관계에 제3의 변수가 영향을 미치게 되는 것이다. 외부효과의 종류로서는 두 가지가 있다. 이 중에서 긍정적인 외부효과에는 외부경제성이 있고, 부정적인 외부효과에는 외부불경제성이 있다.

chapter 04
공공재와 균형, 선호관계

제1절

공공재와 균형

공공재의 분류체계는 다음과 같다. 순수한 사적 재화와 순수한 공공재는 각각 사적재의 소비의 가분성과 공공재에 해당하는 소비의 불가분성으로 두 가지 유형이 존재하고 있다. 그러나 이 두 유형도 가설적인 예에 불과하다.

즉 사적재의 소비의 가분성과 공공재에 해당하는 소비의 불가분성으로 인한 두 가지 유형만으로 존재하는 상품들만 있는 것이 아니라는 것이다. 이러한 상품들을 혼합된 유형이라고 한다.

한정된 재화에서 시장에 두 소비자가 있을 경우 한 소비자의 소비가 지나치게

그림 4-1 공공재의 유형

순수한 사적재:
소비의 가분성

↕

공공재의 유형

|

순수한 공공재:
소비의 불가분성

많으면, 다른 소비자의 소비가 줄어들게 된다. 예를 들면, 통신의 사용에서 한 소비자의 지나친 소비는 과부하로 인해 이동 속도 및 안전성이 감소하여 다른 소비자의 사용을 어렵게 할 수 있다.

표 4-1 공공재의 분류체계

구 분	내 용
순수한 사적재와 순수한 공공재	순수한 사적 재화와 순수한 공공재는 각각 사적재의 소비의 가분성과 공공재에 해당하는 소비의 불가분성으로 두 가지 유형이 존재하고 있다.
혼합된 유형	그러나 이 두 유형도 가설적인 예에 불과하다. 즉 사적재의 소비의 가분성과 공공재에 해당하는 소비의 불가분성으로 인한 두 가지 유형만으로 존재하는 상품들만 있는 것이 아니라는 것이다. 이러한 상품들을 혼합된 유형이라고 한다.

그림 4-2 소비의 경쟁과 비경쟁, 배제 가능성과 배제 불가능성

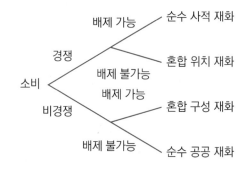

그림 4-3 일반정부의 부문별 기능별 최종소비지출(명목, 연간) 중 일반공공행정과 국방의 현황(단위: 십억원)

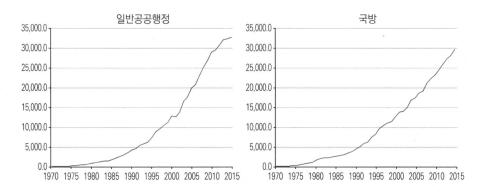

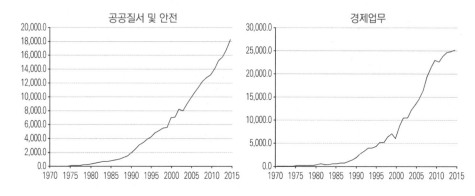

그림 4-4 일반정부의 부문별 기능별 최종소비지출(명목, 연간) 중
공공질서 및 안전, 경제업무의 현황 (단위: 십억원)

표 4-2 소비와 배제 가능성에 따른 분류

구 분	내 용
순수한 사적재	배제가 가능하고 소비가 경쟁적이라면, 이러한 극단적인 가정 하에 놓인 재화는 순수한 사적재에 해당한다.
순수한 공공재	배제가 불가능하고, 소비가 경쟁적이지 않은 두 번째 극단의 경우, 순수한 공공재에 해당한다.
혼합 구성 재화	배제가 가능하지만 소비가 비경쟁적이라면 혼합 구성 재화이다.
혼합된 유형	그러나 이 두 유형도 가설적인 예에 불과하다. 즉 사적재의 소비의 가분성과 공공재에 해당하는 소비의 불가분성으로 인한 두 가지 유형만으로 존재하는 상품들만 있는 것이 아니라는 것이다. 그러한 상품들을 혼합된 유형이라고 한다.
혼합 위치 재화	배제가 불가능하지만 소비가 경쟁적이라면, 혼합 위치 재화라고 볼 수 있다.

한국은행의 경제통계시스템[간편검색]을 통하여 일반정부의 부문별 기능별 최종소비지출(명목, 연간) 중 일반공공행정, 국방, 공공질서 및 안전, 경제업무의 현황(시계열상 2007년부터 2015년까지)을 살펴보았다(〈그림 4-3〉, 〈그림 4-4〉).

이를 토대로 살펴보면, 소비의 경쟁과 비경쟁, 배제 가능성과 배제 불가능성 의 측면에서 순수한 공공재와 순수한 사적재 사이에 놓여 있는 혼합 구성 재화와 혼합 위치 재화를 구분할 수 있겠다.

예를 들어, 정부와 지방자치단체, 민간(기업)으로 구성된 투자 사업이 있을 경우에 어떠한 성격의 투자가 국민들의 파레토 최적을 달성하기 위해 가장 유리할지 판단하는 데 도움을 줄 수 있다.

배제가 가능하고 소비가 경쟁적이라면, 이러한 극단적인 가정 하에 놓인 재화는 순수한 사적재에 해당한다. 그리고 배제가 불가능하고, 소비가 경쟁적이지 않은 두 번째 극단의 경우, 순수한 공공재에 해당한다. 또한 배제가 가능하지만 소비가 비경쟁적이라면 혼합 구성 재화이며, 배제가 불가능하지만 소비가 경쟁적이라면, 혼합 위치 재화라고 볼 수 있다.

순수한 사적재와 순수한 공공재의 관점에서 재화의 가능한 다른 분류는 경제적 및 제도적 기준에 따라 존재한다. 경제적 기준은 위에서 이미 살펴본 바와 같다.

경제적 기준에서 그것들은 소비에 대한 배제와 경쟁의 기준이었다. 제도적 기준에 따라서는 재화는 경쟁 또는 경합시장, 독점적인 시장 및 과점적인 시장 등으로 나누어 볼 수 있다. 경쟁시장의 상품의 경우, 시장 가격은 당연히 수요의 법칙과 공급의 법칙을 기준으로 작동하며 균형을 이루게 된다. 독점적인 시장 및 과점적인 시장의 재화 분배에 있어서는 가격 메커니즘을 적용할 수 없으며 미국의 경우 주정부가 개입한다. 우리나라의 경우에도 공정거래법의 체계에 따라 적용을 받게 되며, 미국의 경우 반독점법(Anti-Trust Act) 등으로 제재를 받게 된 바 있다.

이와 같은 독점적인 시장 및 과점적인 시장의 재화의 가격은 가격메커니즘이 작

표 4-3 순수한 공공재의 관점에서 재화의 가능한 다른 분류

구 분	내 용
경제적 기준	소비에 대한 배제와 경쟁의 기준
제도적 기준	재화는 경쟁 또는 경합시장, 독점적인 시장 및 과점적인 시장 등으로 나누어 볼 수 있다. 경쟁시장의 상품의 경우, 시장 가격은 당연히 수요의 법칙과 공급의 법칙을 기준으로 작동하며 균형을 이루게 된다. 독점적인 시장 및 과점적인 시장의 재화 분배에 있어서는 가격 메커니즘을 적용할 수 없으며 미국의 경우 주정부가 개입한다. 우리나라의 경우에도 공정거래법의 체계에 따라 적용을 받게 되며, 미국의 경우 반독점법(Anti-Trust Act) 등으로 제재를 받게 된 바 있다.

동하지 않으므로 시장이 아닌 다른 방법으로 적용시키고 균형을 갖게 된다는 것이다. 따라서 중앙정부 및 지방 정부 차원에서 사회에는 꼭 필수적이지만 시장에 공급이 충분하지 못한 공공재의 공급에 경우에 있어서는 이들의 생산 및 유통과정 등에 관여할 수 있는 것이다.

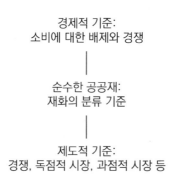

그림 4-5 순수한 공공재의 관점에서 재화의 가능한 다른 분류

경제적 기준:
소비에 대한 배제와 경쟁

순수한 공공재:
재화의 분류 기준

제도적 기준:
경쟁, 독점적 시장, 과점적 시장 등

부분 균형 및 일반 균형에 관한 공공재의 효과적인 제공에 대하여 알아보고자 한다. 이는 공공 재정의 근본적인 질문 중 하나와 관련된 것이다. 이전 장에서 공공재의 완전한 불가분성의 경우 자신의 선호도를 밝히는 것에 관심이 없는 소비자들에 대하여 설명한 바 있다.

이들은 무임승차에만 관심이 있을 뿐이며, 따라서 직접 돈을 지불하지 않고 해당 공공재에 대한 이용에만 관심을 가지는 사람들이 있을 수 있다는 측면이다. 이에 따라 이들은 명시적으로 해당 공공재에 대하여 자신의 선호도를 밝히는 것을 원하지 않을 수 있다.

따라서 이들과 같이 무임승차에만 관심이 있는 사람들의 개별 수요 곡선을 알지 못하며, 시장에서의 총수요를 알 수도 없고 결정하기도 어렵다는 것이다.

이 경우 효과적인 할당 결정을 하는 것은 매우 어렵고 불가능하다. 이에 따라 재정학과 관련된 것으로는 투표에 대한 것을 생각해 볼 수 있다. 극단적인 경우 공공재의 경우에 있어서는 서로 비용을 지불하려고 하지 않을 수 있어서 한계적인 비

용이 0이 될 수 있다. 이에 따라 시장에 필요한 공공재가 생산 및 공급이 불가능할
수도 있다.

실용적인 관점에서 공공 재정에 대한 결정을 내리는 사람들은 다음과 같은 사항
을 미리 결정을 해야 한다.

공공재와 사적(민간)재의 국가 전체에서의 비중, 이들 재화의 지속적인 생산이 이
루어질 수 있도록 할 수 있는 메커니즘의 유지, 금액과 가격을 고려한 국민들에 대

그림 4-6 소비자동향조사(한국은행,전국)(월)(2008년9월~) 중
현재생활형편CSI와 현재경기판단CSI의 현황

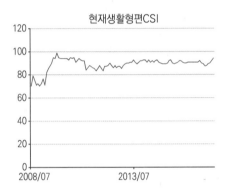
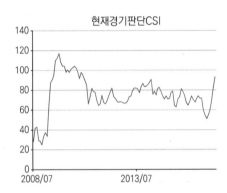

그림 4-7 소비자동향조사(한국은행,전국)(월)(2008년9월~) 중
가계수입전망CSI와 소비지출전망CSI의 현황

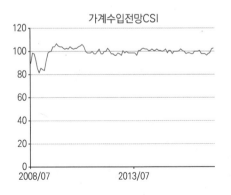

한 최적의 공급, 최적의 구조 및 제공과 이러한 재화에 대한 개별 소비자의 최적의 조세 부담 등이다.

한국은행의 경제통계시스템[간편검색]을 통하여 소비자동향조사(한국은행,전국)(월)(2008년 7월~2017년 6월) 중 현재생활형편CSI(Consumer Sentiment Index), 현재경기판단CSI, 가계수입전망CSI, 소비지출전망CSI의 현황을 살펴보았다(〈그림 4-6〉, 〈그림 4-7〉).

이를 토대로 살펴보면, 현재생활형편CSI, 현재경기판단CSI, 가계수입전망CSI, 소비지출전망CSI 모두 최근 들어 개선되고 있음을 알 수 있다.

이와 같은 CSI의 개선은 기업들의 BSI와 함께 체감경기의 지표가 될 수 있으므로 사적재의 금액과 가격 측면에서 최적으로 생산 및 공급이 이루어지고, 이를 중앙정부 및 지방정부는 효율적으로 최종 소비자들에게 제공되는 것이 최적의 상태가 지속될 수 있도록 하여야 할 것이다.

전체 경제 비중에서 공공재의 비중이 높아지는 것은 사적재의 비중이 줄어드는 것을 의미한다. 그 이유는 공공재는 재정수입을 기초로 하기 때문에 공공재의 생산 및 공급의 증가는 민간부문에 대한 조세의 증가로 이어질 수 있어서 민간부문이

표 4-4 공공재의 제공과 관련된 내용

구 분	내 용
공공재의 적정한 생산 및 공급이 어려울 수 있는 이유	공공재의 완전한 불가분성의 경우 자신의 선호도를 밝히는 것에 관심이 없는 소비자들에 대하여 설명한 바 있다. 이들은 무임승차에만 관심이 있을 뿐이며, 따라서 직접 돈을 지불하지 않고 해당 공공재에 대한 이용에만 관심을 가지는 사람들이 있을 수 있다는 측면이다. 이에 따라 이들은 명시적으로 해당 공공재에 대하여 자신의 선호도를 밝히는 것을 원하지 않을 수 있다. 따라서 이들과 같이 무임승차에만 관심이 있는 사람들의 개별 수요 곡선을 알지 못하며, 시장에서의 총수요를 알 수도 없고 결정하기도 어렵다는 것이다. 이 경우 효과적인 할당 결정을 하는 것은 매우 어렵고 불가능하다. 이에 따라 재정학과 관련된 것으로는 투표에 대한 것을 생각해 볼 수 있다. 극단적인 경우 공공재의 경우에 있어서는 서로 비용을 지불하려고 하지 않을 수 있어서 한계적인 비용이 0이 될 수 있다. 이에 따라 시장에 필요한 공공재가 생산 및 공급이 불가능할 수도 있다.

구 분	내 용
중앙 정부 및 지방 정부의 공공재와 사적(민간)재의 최적 생산 및 공급에 대한 선택 문제	공공재와 사적(민간)재의 국가 전체에서의 비중, 이들 재화의 지속적인 생산이 이루어질 수 있도록 할 수 있는 메커니즘의 유지, 금액과 가격을 고려한 국민들에 대한 최적의 공급, 최적의 구조 및 제공과 이러한 재화에 대한 개별 소비자의 최적의 조세 부담 등이다.

위축될 수 있는 것이다.

공공재의 완전한 불가분성의 경우 자신의 선호도를 밝히는 것에 관심이 없는 무임승차의 소비자들로 인하여 공공재는 사적재와는 달리 편익비용분석방법 등에 의존하여 평가할 수 있다.

부분적인 균형 및 일반 균형으로의 확장은 다음과 같다. 간단하게 언급하자면, 부분적인 균형은 최적 상태의 달성을 의미한다. 이것은 하나의 (부분적인) 시장에 대한 수요와 공급의 균형을 의미한다.

일반적인 균형은 모든 부분 시장에서 최적 상태가 달성되었음을 의미한다. 다시 말해, 모든 재화와 모든 경제적 주체에 대해 균형이 도달된 상태를 의미한다.

표 4-5 공공재에 대한 평가 및 부분적인 균형과 일반적인 균형

구 분	내 용
공공재에 대한 평가	공공재의 완전한 불가분성의 경우 자신의 선호도를 밝히는 것에 관심이 없는 무임승차의 소비자들로 인하여 공공재는 사적재와는 달리 편익비용분석방법 등에 의존하여 평가할 수 있다.
부분적인 균형	부분적인 균형은 최적 상태의 달성을 의미한다. 이것은 하나의 (부분적인) 시장에 대한 수요와 공급의 균형을 의미한다.
일반적인 균형	일반적인 균형은 모든 부분 시장에서 최적 상태가 달성되었음을 의미한다. 다시 말해, 모든 재화와 모든 경제적 주체에 대해 균형이 도달된 상태를 의미한다.
부분적인 균형 및 일반적인 균형의 조건하에 있는 공공재와 관련	공공재는 본질적으로 너무 구체적이어서 부분 균형 및 전체 균형의 모델에 포함될 수 없다. 공공재를 최적화하기위한 이상적인 해결책은 개개인들에게 제공되는 편익(공익)의 한계적인 효용과 이를 위한 세금징수에 따른 국민들의 한계적인 손실이 동일하게 만드는 것이다.

부분적인 균형 및 일반적인 균형의 조건하에 있는 공공재와 관련하여서는 〈표 4-5〉와 같다. 공공재는 본질적으로 너무 구체적이어서 부분 균형 및 전체 균형의 모델에 포함될 수 없다. 공공재를 최적화하기위한 이상적인 해결책은 개개인들에게 제공되는 편익(공익)의 한계적인 효용과 이를 위한 세금징수에 따른 국민들의 한계적인 손실이 동일하게 만드는 것이다.

부분 균형의 의미는 〈그림 4-8〉과 같다. 사적재의 시장에서 그것은 식 (6)과 같이 설명할 수 있다.

그림 4-8 공공재 적용에 대한 평가 및 이론적인 확장

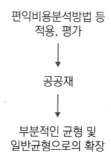

편익비용분석방법 등
적용, 평가

↓

공공재

↓

부분적인 균형 및
일반균형으로의 확장

$$MC = MU_K = MU_M \text{---} (6)$$

위 식 (6)에서 MC는 생산된 제품에 대한 한계적인 비용, MU_K는 소비자 K의 한계적인 효용, MU_M은 소비자 M의 한계적인 효용 등을 나타낸다. 모든 소비자는 사적재에 대하여는 동일한 가격을 시장에서 지불하지만, 그 사적재화들에 대하여 각기 다른 양으로 소비를 하게 된다. 이는 각 소비자들의 예산에 따라 필요한 양만큼 소비하게 되기 때문이다.

다시 공공재와 시장의 부분 균형을 위하여 다음과 같은 식 (7)과 같은 문제가 발생할 수 있다.

$$MC = MU_K + MU_M \text{---} (7)$$

공공재에 있어서는 모든 개개인들은 각기 다른 "가격"에 대해 같은 양을 소비한다. 이러한 "다른 가격"의 합계는 해당 공공재의 생산 비용과 같아야 한다.

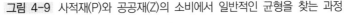

그림 4-9 사적재(P)와 공공재(Z)의 소비에서 일반적인 균형을 찾는 과정

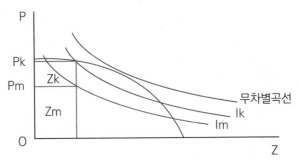

위 그림은 사적재(P)와 공공재(Z)의 소비에서 일반적인 균형을 찾는 과정과 관련된 것이다. 이 그림에서 사적재(P)에 대한 소비의 선호도가 다른 두 소비자 k와 m이 있다. 이에 따라 그들의 무차별 곡선이 서로 다르다. 이 그림의 원점을 향해 둥근 부분(concave)은 주어진 사회의 생산능력곡선을 나타낸다.

주어진 사회의 생산능력곡선 상의 기울기인 한계적인 전환율(MRT)은 모든 상품에 대해 동일하게 적용된다. 소비자 k의 무차별적인 곡선인 Ik와 소비자 m의 무차별적인 곡선인 Im에서 k 소비자는 사적재를 Pk만큼 소비하고 공공재를 Zk만큼 소비한다. 그리고 m 소비자는 사적재를 Pm만큼 소비하고 공공재를 Zm만큼 소비한다. 이에 따라 식 (8)과 같이 일반적인 균형으로 확장할 수 있다.

$$MRS_{PZ}^{k} + MRS_{PZ}^{m} = MRT \text{--- (8)}$$

여기서 MRS는 Marginal Rate of Substitute이고, MRT는 Marginal Rate of Transformation이다. 무차별곡선 Ik 위에 놓인 것이 주어진 사회의 생산능력곡선 상의 기울기인 한계적인 전환율과 기울기가 같은 사회 전체의 무차별곡선의 기울기이다.

사적재로만 구성된 일반적인 경우와 다르게 $MRS_{PZ}^k + MRS_{PZ}^m$로 표현된 것은 여기서는 사적재와 동시에 공공재를 소비하는 소비자들을 고려하였기 때문이다.

그림 4-10 조세징수액 중 직접세, 소득세, 간접세의 비중 현황(시계열상 2012년부터 2013년까지)

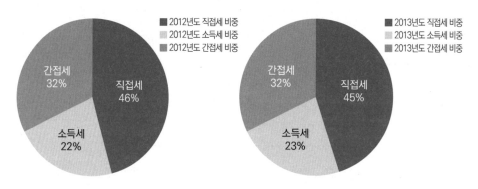

그림 4-11 조세징수액 중 직접세, 소득세, 간접세의 비중 현황(시계열상 2014년부터 2015년까지)

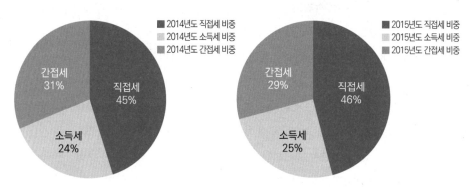

한국은행의 경제통계시스템[간편검색]을 통하여 조세징수액 중 직접세, 소득세, 간접세의 비중 현황(시계열 상 2012부터 2015년까지)을 살펴보았다(〈그림 4-10〉, 〈그림 4-11〉).

이를 토대로 살펴보면, 조세징수액 중 직접세의 비중이 2012년 37.3%, 2013년 37.5%, 2014년 37.6%, 2015년 38.4%로 약간씩 높아지고 있음을 알 수 있다. 이들 중 직접세, 소득세, 간접세를 100%로 하여 살펴볼 때, 상대적으로 2012년 46%, 2013년 45%, 2014년 45%, 2015년 46%로 비슷한 양상을 보이고 있다.

조세징수액 중 소득세의 비중은 2012년 17.8%, 2013년 18.7%, 2014년 20.0%, 2015년 21.0%로 높아지고 있음을 알 수 있다. 이들 중 직접세, 소득세, 간접세를 100%로 하여 살펴볼 때, 상대적으로 2012년 22%, 2013년 23%, 2014년 24%, 2015년 25%까지 높아졌음을 알 수 있다.

조세징수액 중 간접세의 비중은 2012년 26.3%, 2013년 26.4%, 2014년 25.7%, 2015년 24.3%로 점진적으로 낮아지고 있음을 알 수 있다. 한편 이들 중 직접세, 소득세, 간접세를 100%로 하여 살펴볼 때, 상대적으로 2012년 32%, 2013년 32%, 2014년 31%, 2015년 29%까지 낮아졌음을 알 수 있다.

이상을 살펴볼 때, 앞에서도 지적하였듯이 경제전체를 구성하는 사적부문과 공공부문에서 공공부문의 확대는 결과적으로 사적부문의 축소로 나타날 수 있다. 한편 현재의 구성으로는 조세징수액 중 직접세의 비중이 2012년 이후 2015년까지 약간씩 높아지고 있으며, 반대로 조세징수액 중 간접세의 비중은 2012년 이후 2015년까지 낮아졌음을 알 수 있다. 이는 조세 징수의 균형상 바람직한 방향으로 간접세의 비중 축소는 상대적으로 경제적인 약자에 대한 보호로 이어질 수 있다.

한편 조세징수액 중 소득세의 비중이 2012년 이후 2015년까지 높아지고 있음을 알 수 있는데, 이는 고소득자에 대한 과세 비중 확대 측면이라면 바람직한 방향으로 전개되고 있다고 볼 수 있다. 이와 별개로 살펴보면, 위에서 지적한 바와 같이 공공부문의 확대는 결과적으로 사적부문의 축소로 귀결될 수 있기 때문에 급진적인 조세 정책의 변화보다는 점진적인 변화를 통하여 공공부문과 사적부문의 비중을 고려하여야 한다.

여기에는 국민들이 선택하는 투표의 형태로 하여 투영되기도 하지만, 정부당국도 균형재정과 경기변동 상황, 대외적인 경제 여건과 조세 저항 등 모든 측면을 고려하여 조세정책을 취하여야 모든 국민들이 행복한 파레토 최적의 상태를 가져올 수 있거나 파레토 최적의 상태를 유지할 수 있는 것이다.

제2절

공공재와 선호관계

다음은 공공재의 사용으로부터의 배제(소비자들의 만족감(효용)의 손실)와 관련된 것이다. 어떤 경우에는 재화의 사용을 배제시킬 수 있다. 하지만 그러한 조치를 실행하는 것은 비용이 많이 들거나 혹은 소비자들의 만족감(효용)이 감소될 수 있다.

예를 들어, 무임승차하는 사람들 때문에 꼭 필요한 인프라 투자를 하지 아니할 경우에는 국가 전체적인 손실이 발생할 수도 있고, 이들을 배제하기 위해서는 인력과 기계 장비의 더 많은 투입 등과 관련한 국가 예산이 수반되어야 한다.

표 4-6 공공재의 사용으로부터의 배제(소비자들의 만족감(효용)의 손실)

구 분	내 용
공공재의 사용으로부터의 배제(소비자들의 만족감(효용)의 손실)와 관련	그러한 조치를 실행하는 것은 비용이 많이 들거나 혹은 소비자들의 만족감(효용)이 감소될 수 있다.
사례 분석	무임승차하는 사람들 때문에 꼭 필요한 인프라 투자를 하지 아니할 경우에는 국가 전체적인 손실이 발생할 수도 있고, 이들 무임승차하는 사람들을 배제하기 위해서는 인력과 기계 장비의 더 많은 투입 등과 관련하여 국가 예산이 수반되어야 한다.

한계적인 비용(marginal costs)은 0으로 한다. 이 경우에 있어서 소비자들의 만족감(효용)의 손실은 예를 들어, 다리를 건너기 위해 징수된 통행료로 증명되고 있다. 교량의 용량이 충분할 경우에 있어서(〈그림 4-13〉의 R점), 통행료의 징수(Pe)는 소비자들의 만족감(효용)을 감소시킨다. 이 경우에 있어서 Q까지의 사용량으로 줄어들게 된다. 따라서 소비자들의 만족감(효용) 중 LQR의 삼각형 부분이 손실된다.

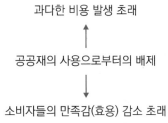

그림 4-12 공공재의 사용으로부터의 배제에 따른 손실

과다한 비용 발생 초래

↑

공공재의 사용으로부터의 배제

↓

소비자들의 만족감(효용) 감소 초래

이와 같이 한계 비용이 없거나 요금 징수액이 너무 비싸면, 공공 예산 시스템을 통해 통행료를 없애고 교량 이용에 대한 지원을 하는 것이 소비자들의 만족감(효용)을 증가시키는 방법이 된다.

그림 4-13 유료화에 따른 소비자들의 만족감(효용)의 손실

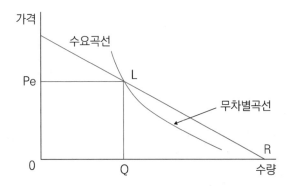

모든 생산 단위의 한계적인 비용이 0이 아닌 단일 비용(예: 특정된 고정 숫자)으로 발생한다고 가정하자. 이 경우 생산의 한계적인 비용은 일정하고 한계적인 비용 곡선은 지점 Pm에서 수평축과 평행하게 된다. 거래 비용을 고려할 때, 가격은 Pe로 이동하게 되며, 이는 점 L에서 균형을 유지한 소비량 Q에 해당하고 있다.

거래비용을 고려할 때, 가격은 Pe 수준까지 소비자들이 지불을 하고 소비자들이 소비할 수 있는 구간은 0–Q이며, 수요곡선상에 L점에 해당한다.

중앙정부 또는 지방정부가 이 상품에 대한 모든 세금 징수를 요구하지 않을 경우 소비자들은 최대 수량인 R점까지 소비할 수 있게 된다. 이와 같은 경우 Pm의 단일 비용의 발생으로 인한 삼각형 TMR 부분의 손실이 발생된다. 즉, 원래는 M점에서 수평축에 수직으로 내린 직선과 만나는 부분까지만 생산을 하면, 복지의 손실로 인한 사회적 손해가 발생하지 않지만 실제로는 더 생산과 소비가 이루어져 삼각형 TMR 부분 만큼의 손실이 발생할 수 있는 것이다. 이와 같이 R점까지의 생산은 사회적 손해가 발생하는 낭비적인 요소이다.

그림 4-14 0이 아닌 한계적인 비용으로 인한 사회적 후생(소비자들의 만족감(효용)의 합)의 손실

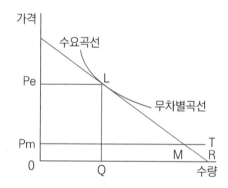

표 4-7 중앙정부 또는 지방정부가 상품에 대한 모든 세금 징수를 요구하지 않을 경우: 발생할 수 있는 외부적인 효과(특히, 외부 불경제)의 문제점

구 분	내 용
중앙정부 또는 지방정부가 특정 재화에 대한 모든 세금 징수를 요구하지 않을 경우	소비자들은 최대 수량까지 소비할 수 있게 된다. 이와 같은 경우 단일 비용의 발생으로 인한 손실이 발생할 수 있게 된다.
	즉, 실제로는 사회적으로 바람직하다고 판단되는 생산량보다 더 생산과 소비가 이루어져 손실이 발생할 수 있는 것이다. 이와 같은 경우 최대의 생산과 소비는 결국 사회적 손해가 발생하는 낭비적인 요소가 된다.

그림 4-15 외부적인 효과(특히, 외부불경제)의 파급효과

외부적인 효과(특히, 외부 불경제)의 문제점:
정부가 특정 재화에 대한 세금 징수를 요구하지 않을 경우

↓

단일 비용이 있을 경우:
소비자들은 최대 수량까지 소비

↓

실제로는 사회적으로 바람직하다고 판단되는 생산량보다
더 생산과 소비가 이루어져 사회적 손실 발생(낭비)

공적인 공급에서 공공재는 공공재의 생산과 공급을 위하여 어떻게 자금을 조달받는가와 관련되어 있다.

그리고 공공 재정을 통하여 공공 행정기관(금융업자)과의 합의를 토대로 민간기업(생산자)이 생산할 수도 있다.

그러나 좋은 생산자의 선택 과정, 부패와 관련된 불미스러운 일의 발생과 계약기간 중에 발생할 수 있는 비용의 불균형 증가 등의 투명하지 못한 결정의 위험이 언제든지 있다. 일부 공공재는 사적으로 제공될 수 있고, 어떤 경우에 있어서는 공공 및 민간부문이 혼합된 형태로 생산하여 제공될 수도 있다. 그것은 의도한 재화

그림 4-16 금융자산부채잔액표(2008~) 중 일반정부, 비금융법인, 공기업과 민간기업의 2016년 2사분기와 2016년 3사분기의 상대적인 비중 현황

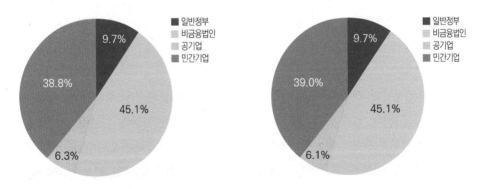

그림 4-17 금융자산부채잔액표(2008~) 중 일반정부, 비금융법인, 공기업과 민간기업의 2016년 4사분기와 2017년 1사분기의 상대적인 비중 현황

의 특질에 따라 어떻게 생산을 결정할 것인지에 따라 다르게 진행된다.

한국은행의 경제통계시스템[간편검색]을 통하여 금융자산부채잔액표(2008~) 중 일반정부, 비금융법인, 공기업과 민간기업의 상대적인 비중 현황(최근 2016년 2사분기부터 2017년 1사분기까지의 1년간)을 살펴보았다(〈그림 4-16〉, 〈그림 4-17〉).

이를 토대로 살펴보면, 네 개 기관의 부채를 합계로 하였을 때 일반정부의 상대적인 부채의 비중이 2016년 2사분기와 2016년 3사분기의 9.7%에서 2016년 3사분기와 2017년 1사분기 들어 9.3%에서 9.4%로 소폭 낮아진 것을 알 수 있다.

그리고 공기업의 경우에 있어서는 네 개 기관의 부채를 합계로 하였을 때 공기업의 상대적인 부채의 비중이 2016년 2사분기부터 2017년 1사분기까지 6.3%에서 5.9%로 낮아지는 추세를 나타내고 있다.

반면에 민간기업의 경우에 있어서는 네 개 기관의 부채를 합계로 하였을 때 민간기업의 상대적인 부채의 비중이 2016년 2사분기부터 2017년 1사분기까지 38.8%에서 39.4%까지 높아지는 추세를 나타내고 있다.

공공부문에서의 선택은 공공 업무에 대한 의사 결정 과정을 평가하고, 공공 부문에서 공공 선택 절차를 실제로 적용하는 것을 다루는 이론과 관련된 것이다.

공공의 선택은 주로 개인 참가자들 간의 협상에 기초한 관계를 다루고 있다. 여기서 개인 참가자들은 투표라는 형태로 하여 공공의 선택에 대한 의사결정에 영향

표 4-8 공적인 공급측면에서의 공공재

구 분	내 용
공적인 공급에서 공공재	공공재의 생산과 공급을 위하여 어떻게 자금을 조달 받는가와 관련되어 있다.
공공 재정을 통한 생산	공공 행정기관(금융업자)과의 합의를 토대로 민간기업(생산자)이 생산할 수도 있다.
	일부 공공재는 사적으로 제공될 수 있고, 어떤 경우에 있어서는 공공 및 민간 부문이 혼합된 형태로 생산하여 제공될 수도 있다. 그것은 의도한 재화의 특질에 따라 어떻게 생산을 결정 할 것인 지에 따라 다르게 진행된다.

표 4-9 공공부문에서의 선택과 정부의 형태 및 역할

구 분	내 용
공공부문에서의 선택	공공 업무에 대한 의사 결정 과정 및 평가 체계와 관련되어 있다.
	주로 개인 참가자들 간의 협상에 기초한 관계와 관련되어 있다.
	개인 참가자들은 투표라는 형태로 하여 공공의 선택에 대한 의사결정에 영향을 준다.
정부의 형태와 주어진 역할	개개인들의 선호 또는 만족감에 대하여 모두 들어주려고 물론 노력을 하고 있지만, 개개인들의 선호체계가 매우 복잡하고 결국 정부는 국민들에 의해 나타나는 투표의 결과에 따라 집권을 하여 그 정부의 방침대로 공공 이익을 증진시키기 위해 노력하게 된다.
	정부의 공익 증진의 형태는 다양한 정치 체제인 독재, 무정부 상태, 민주주의 등에 따라서 다르게 진행된다.

을 미치고 있다. 주어진 지역 사회의 개별 구성원의 개개인 이해관계가 표출되는 선택 및 선호 관계의 요소와 정부에 의하여 집행되는 집단적 선택 또는 행동과 관련성을 갖고 있다. 물론 정부는 개개인들의 선호 또는 만족감에 대하여 모두 들어주려고 노력을 하고 있지만, 개개인들의 선호체계는 매우 복잡하다. 결국 정부는 국민들에 의해 나타나는 투표의 결과에 따라 집권을 하여 그 정부의 방침대로 공공 이익을 증진시키기 위해 노력하게 된다. 이러한 정부의 공익 증진의 형태는 다양한 정치 체제인 독재, 무정부 상태, 민주주의 등에 따라서 다르게 진행된다.

이와 같은 정치체제와 경제의 관계를 살펴볼 때, 정부와 국민 개개인들과 같은

모든 참가자들 사이에서 주어진 비용으로 최대 이익을 얻으려고 한다. 이와 같은 공공 선택의 참가자의 유형에는 주로 유권자를 비롯하여 정치인, 이익 단체와 관료들도 포함된다.

그림 4-18 공공부문에서의 선택 프로세스 과정

공공 업무에 대한 의사결정 과정, 평가

↓

공공부문에서의 선택

↓

개인 참가자들은 투표라는 형태로
공공의 선택에 대한 의사결정에 영향

이와 같이 공공부문에 있어서의 선택은 궁극적으로 국가의 경제성장의 증진과 국민들의 경제활동 증가와 연결되어 있는데, 이에 대하여 잘 알려진 연구가 바그너 (Wagner)에 의한 가설검증으로 이어진다.1

선진국의 1인당 소득과 생산량이 늘어남에 따라 이들 국가들의 공공 부문은 총 경제 활동과 비례하여 커질 필요성이 제기된다.

한국은행의 경제통계시스템[간편검색]을 통하여 한국, 미국, 일본과 유로지역의 1인당 GNI(달러 기준)의 동향을 살펴보았다. 기간은 한국은 1953년 이후 2016년까지이고, 미국은 1950년 이후 2016년까지이며, 일본은 1970년부터 2015년까지, 유로지역은 1995년부터 2016년까지이다(〈그림 4-19〉, 〈그림 4-20〉).

이를 토대로 살펴보면, 한국과 미국은 2008년 미국의 금융위기 시를 제외하고는 1인당 GNI가 계속 상승추세에 놓여있음을 알 수 있다. 하지만 일본과 유로지역은 2000년 이후 특히 2010년대 이후 정체 내지 하락추세를 나타내고 있다.

---

1 Wagner, R. E.(1986a), "Liability Rules, Fiscal Institutions, and the Debt", In J.M. Buchanan, C. K. Rowley, and R. D. Tollison(eds.), *Deficits*(Oxford: Basil Blackwell), pp. 199~217.

그림 4-19 한국과 미국의 1인당 GNI 동향

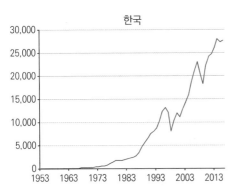

한국

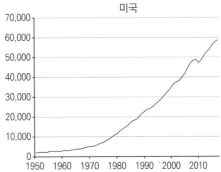

미국

그림 4-20 일본과 유로지역의 1인당 GNI 동향

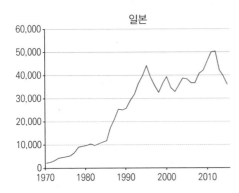

일본

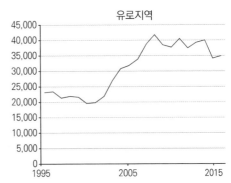

유로지역

한편, 공공 부문과 관련하여 바그너는 이러한 현상을 가리켜서 자연의 규칙 내지 법칙이라 하였는데, 즉 국가들의 공공 부문은 총 경제 활동과 비례하여 증가하여야 한다는 것이다.

표 4-10 바그너에 의한 가설검증

구 분	내 용
바그너의 정의: 자연의 규칙 내지 법칙	선진국의 1인당 소득과 생산량이 증가한다.
	이에 따라 이들 국가들의 공공 부문은 총 경제 활동과 비례하여 커질 필요성이 제기된다.

연습문제

📎 연습문제 4-1

순수한 사적재와 순수한 공공재, 그리고 이들의 혼합된 유형에 대하여 설명하시오.

> 정답 순수한 사적 재화와 순수한 공공재는 각각 사적재의 소비의 가분성과 공공재에 해당
> 하는 소비의 불가분성으로 두 가지 유형이 존재하고 있다.
> 그러나 이 두 유형도 가설적인 예에 불과하다. 즉 사적재의 소비의 가분성과 공공재에
> 해당하는 소비의 불가분성으로 인한 두 가지 유형만으로 존재하는 상품들만 있는
> 것이 아니라는 것이다. 그러한 상품들을 혼합된 유형이라고 한다.

📎 연습문제 4-2

소비와 배제 가능성에 따른 분류에 대하여 설명하시오.

> 정답 첫째, 순수한 사적재의 경우이다. 배제가 가능하고 소비가 경쟁적이라면, 이러한 극
> 단적인 가정하에 놓인 재화는 순수한 사적재에 해당한다.
> 둘째, 순수한 공공재의 경우이다. 배제가 불가능하고, 소비가 경쟁적이지 않은 두 번
> 째 극단의 경우, 순수한 공공재에 해당한다.
> 셋째, 혼합 구성 재화의 경우이다. 배제가 가능하지만 소비가 비경쟁적이라면 혼합
> 구성 재화이다.
> 넷째, 혼합된 유형의 경우이다. 그러나 이 두 유형(순수한 사적재와 순수한 공공재)도
> 가설적인 예에 불과하다. 즉 사적재의 소비의 가분성과 공공재에 해당하는 소비의
> 불가분성으로 인한 두 가지 유형만으로 존재하는 상품들만 있는 것이 아니라는 것
> 이다. 그러한 상품들을 혼합된 유형이라고 한다.
> 다섯째, 혼합 위치 재화의 경우이다. 배제가 불가능하지만 소비가 경쟁적이라면, 혼합
> 위치 재화라고 볼 수 있다.

✎ 연습문제 4-3

공공재의 적정한 생산 및 공급이 어려울 수 있는 이유에 대하여 설명하시오.

> 정답 공공재의 완전한 불가분성의 경우 자신의 선호도를 밝히는 것에 관심이 없는 소비자들과 관련되어 있다. 이들은 무임승차에만 관심이 있을 뿐이며, 따라서 직접 돈을 지불하지 않고 해당 공공재에 대한 이용에만 관심을 가지는 사람들이 있을 수 있다는 측면이다. 이에 따라 이들은 명시적으로 해당 공공재에 대하여 자신의 선호도를 밝히는 것을 원하지 않을 수 있다. 따라서 이들과 같이 무임승차에만 관심이 있는 사람들의 개별 수요 곡선을 알지 못하며, 시장에서의 총수요를 알 수도 없고 결정하기도 어렵다는 것이다. 이 경우 효과적인 할당 결정을 하는 것은 매우 어렵고 불가능하다. 이에 따라 재정학과 관련된 것으로는 투표에 대한 것을 생각해 볼 수 있다. 극단적인 경우 공공재의 경우에 있어서는 서로 비용을 지불하려고 하지 않을 수 있어서 한계적인 비용이 0이 될 수 있다. 이에 따라 시장에 필요한 공공재가 생산 및 공급이 불가능할 수도 있다.

✎ 연습문제 4-4

중앙 정부 및 지방 정부의 공공재와 사적(민간)재의 최적 생산 및 공급에 대한 선택 문제에 대하여 설명하시오.

> 정답 공공재와 사적(민간)재의 국가 전체에서의 비중, 이들 재화의 지속적인 생산이 이루어질 수 있도록 할 수 있는 메커니즘의 유지, 금액과 가격을 고려한 국민들에 대한 최적의 공급, 최적의 구조 및 제공과 이러한 재화에 대한 개별 소비자의 최적의 조세 부담 등이다.

✎ 연습문제 4-5

공공재에 대한 평가에 대하여 설명하시오.

> 정답 공공재의 완전한 불가분성의 경우 자신의 선호도를 밝히는 것에 관심이 없는 무임승차의 소비자들로 인하여 공공재는 사적재와는 달리 편익비용분석방법 등에 의존하여 평가할 수 있다.

✎ 연습문제 4-6

부분적인 균형 및 일반적인 균형의 조건하에 있는 공공재와 관련하여 설명하시오.

> 정답 공공재는 본질적으로 너무 구체적이어서 부분 균형 및 전체 균형의 모델에 포함될
> 수 없다. 공공재를 최적화하기 위한 이상적인 해결책은 개개인들에게 제공되는 편
> 익(공익)의 한계적인 효용과 이를 위한 세금징수에 따른 국민들의 한계적인 손실이
> 동일하게 만드는 것이다.

✎ 연습문제 4-7

중앙정부 또는 지방정부가 상품에 대한 모든 세금 징수를 요구하지 않을 경우: 발생할
수 있는 외부적인 효과(특히, 외부 불경제)의 문제점은 무엇인가?

> 정답 소비자들은 최대 수량까지 소비할 수 있게 된다. 이와 같은 경우 단일 비용의 발생
> 으로 인한 손실이 발생할 수 있게 된다. 즉, 실제로는 사회적으로 바람직하다고 판
> 단되는 생산량보다 더 생산과 소비가 이루어져 손실이 발생할 수 있는 것이다. 이와
> 같은 경우 최대의 생산과 소비는 결국 사회적 손해가 발생하는 낭비적인 요소가 된다.

✎ 연습문제 4-8

공적인 공급에서 공공재의 특징과 공공 재정을 통한 생산에 대하여 설명하시오.

> 정답 공공재의 생산과 공급을 위하여 어떻게 자금을 조달 받는가와 관련되어 있다.
> 공공 행정기관(금융업자)과의 합의를 토대로 민간기업(생산자)이 생산할 수도 있다.
> 일부 공공재는 사적으로 제공될 수 있고, 어떤 경우에 있어서는 공공 및 민간부문이
> 혼합된 형태로 생산하여 제공될 수도 있다. 그것은 의도한 재화의 특질에 따라 어떻게
> 생산을 결정할 것인지에 따라 다르게 진행된다.

✎ 연습문제 4-9

공공부문에서의 선택과 정부의 형태 및 역할에 대하여 설명하시오.

> 정답 공공 업무에 대한 의사 결정 과정 및 평가 체계와 관련되어 있다. 주로 개인 참가자들

간의 협상에 기초한 관계와 관련되어 있다. 개인 참가자들은 투표라는 형태로 하여 공공의 선택에 대한 의사결정에 영향을 준다.

개개인들의 선호 또는 만족감에 대하여 모두 들어주려고 물론 정부는 노력을 하고 있지만, 개개인들의 선호체계는 매우 복잡하다. 결국 정부는 국민들에 의해 나타나는 투표의 결과에 따라 집권을 하여 그 정부의 방침대로 공공 이익을 증진시키기 위해 노력하게 된다. 정부의 공익 증진의 형태는 다양한 정치 체제인 독재, 무정부 상태, 민주주의 등에 따라서 다르게 진행된다.

PART

3

정부 및 공공, 민간부문의 적정 규모

chapter 05
정부의 기능과 공공 부문의 성장

제1절

정부의 규모와 기능

선진국의 경우에서 살펴본 바와 같이, 경제 성장과 이에 걸맞는 사회 발전(advance) 은 정부 기능의 증가로 이어지게 된다. 즉 경제 성장에 따라 문화 및 여가의 사용 이 증가하게 되고 이에 걸맞게 정부의 기능과 역할도 변화하게 되는 것이다.

또한 정부에 의한 필요한 기능의 증가는 정부 활동의 절대적인 측면에서와 상대 적인 측면에서의 성장을 필요로 하게 된다. 이에 따라 각종 정부의 사업은 BTO 등 의 형태로 민간부문과 병행하여 함께 성장해 나가기도 한다. 그리고 선진국의 형태

표 5-1 정부 기능의 증대

구 분	내 용
정부 기능의 증가	경제 성장과 이에 걸맞는 사회 발전(advance)으로 발생한다.
	경제 성장에 따라 문화 및 여가의 사용이 증가하게 되고 이에 걸맞게 정부의 기능과 역할도 변화하게 되는 것이다.
정부 활동의 절대적인 측면에서와 상대적인 측면에서의 성장이 필요	각종 정부의 사업은 BTO 등의 형태로 민간부문과 병행하여 함께 성장해 나가기도 한다.
	그리고 선진국의 형태로 발전해 나감에 따라 각종 복지예산의 증가와 같은 상대적인 측면에서 성장과 복지의 균형으로의 발전 등이 이루어지기도 한다.

로 발전해 나감에 따라 각종 복지예산의 증가와 같은 상대적인 측면에서 성장과 복지의 균형으로의 발전 등이 이루어지기도 한다. 이는 선진국형이 진행될수록 저출산 및 고령화 문제 등이 새롭게 더욱 부각되어 경제활동 및 경제적인 활력이 줄어들기 때문이다.

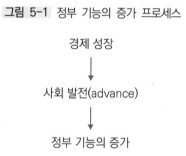

그림 5-1 정부 기능의 증가 프로세스

선진국(advanced countries)이 될수록 경제적 활동의 향상을 위한 안정된 틀을 제공할 필요성이 커진다. 이러한 경제적 활동의 중요성에 걸맞게 경제적인 행위와 관련된 법과 질서의 공급이 늘어나게 된다. 예를 들어 미국의 반독점법(Anti-Trust)이나 한국과 일본 등의 공정거래법 등이 하나의 사례로 볼 수 있다.

또한 경제 성장이나 산업화가 진행되면 노동 전문성이 향상되고 복잡성이 증가하게 된다. 예를 들어 최근까지 정규직과 비정규직, 계약직 관련 등 여러 가지 형태로 전개되어 왔으며 노무에서 계약 과정에서의 복잡다단한 측면이 발생하기도 한다.

이는 경제적인 삶과 사회적인 삶이 서로 떨어질 수 없는 상호 의존적인 관계에 놓여있기 때문이기도 하다. 예를 들어 공공재의 경우에 있어서도 외부효과로 인하여 전혀 예상하지 못했던 부작용이 초래되기도 한다. 이와 같이 경제와 사회의 상호 의존성이 증가함에 따라 정부가 분쟁을 해결할 필요성이 커지고 지속적으로 보다 전문화된 서비스를 유지할 필요성이 발생하게 된다. 이에 따라 법률서비스와 지적재산권 등 여러 가지 분야가 세분화될 필요성이 생긴다.

예를 들어 금융에 있어서도 파생 금융 문제를 규제하기도 하고 문화적 갈등을 중재하기도 한다. 즉 미국의 서브프라임 모기지 사태에서도 볼 수 있는 바와 같이 보다 세련되고 정교한 파생 금융의 기법이 필요하게 되고, 직장 및 학업 등으로 세계의 인구들이 잦은 교류와 이동을 하면서 서로 다른 문화권 간의 긴장관계가 조성되기도 한다.

그림 5-2 분기별 시간당 명목임금지수(제조업과 서비스업) 동향

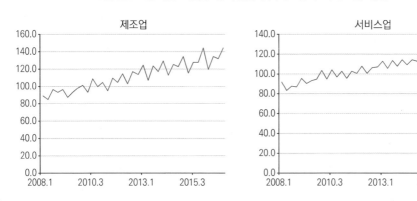

그림 5-3 분기별 시간당 명목임금지수(운수업과 금융 및 보험업) 동향

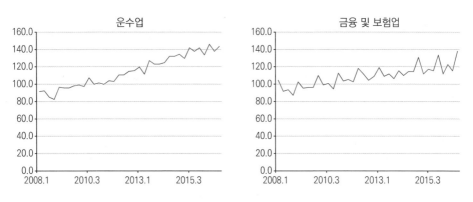

한국은행의 경제통계시스템으로부터 2008년 1사분기부터 2017년 1사분기까지의 분기별 시간당 명목임금지수(제조업, 서비스업, 운수업, 금융 및 보험업) 동향을 살펴보았다(〈그림 5-2〉, 〈그림 5-3〉). 이를 토대로 살펴보면, 큰 폭은 아니지만 시간당 명목임

금지수가 소폭 상승해 나가고 있는 것을 알 수 있다.

시간당 명목임금지수는 최저임금의 상승과 함께 국가별 발전단계에 따라 다른 양상을 나타낼 수 있다.

표 5-2 선진국으로의 경제적 활동 증가의 결과

구 분	내 용
경제적 활동의 중요성에 걸맞게 경제적인 행위와 관련된 법과 질서 및 공급의 중요성	선진국(advanced countries)이 될수록 경제적 활동의 향상을 위한 안정된 틀을 제공할 필요성이 커진다.
경제 성장이나 산업화의 결과	노동 전문성이 향상되고 복잡성이 증가하게 된다.

선진국이 될수록 특정 상품 및 서비스 생산에 있어서 정부의 참여가 확대될 필요성이 증대되기도 한다. 예를 들어 특정 상품 및 서비스 생산이 사적인 민간영역에 머물러 있을 때에는 경제활동의 증가로 인하여 필요한데도, 충분하게 생산되기 어려운 공공 및 준 공공재가 정부의 참여로 생산이 이루어지게 되어야 한다. 여기에는 인프라 프로젝트와 같은 대규모 고정 투자가 필요한 상품도 포함된다. 4차 산업혁명을 통하여 일자리 창출의 고용증대 효과가 높은 유망한 사업이 현재의 시장성 부족으로 인하여 여건 조성이 되지 않고 있는 경우에 있어서 정부의 역할이 중요해질 수 있다. 또한 자연 독점이 급속하게 진행되고 있어서 소비자들에게 피해가 발생하고 있다든지 혹은 외부 효과로 인하여 사회적으로 바람직하지 못한 방향으로 소득재분배가 일어나고 있다든지 하는 상황들이 초래될 경우에 정부의 개입이

표 5-3 정부 개입의 필요성 및 상품, 서비스

구 분	내 용
특정 상품 및 서비스 생산	정부의 참여가 확대될 필요성도 증대되기도 한다.
정부의 개입의 필요성	자연 독점이 급속하게 진행되고 있어서 소비자들에게 피해가 발생하고 있다든지 혹은 외부 효과로 인하여 사회적으로 바람직하지 못한 방향으로 소득재분배가 일어나고 있다든지 하는 상황들이 초래될 경우에 정부의 개입이 필요한 것이다.

필요한 것이다. 이 밖에도 공공의 이익과 관련된 성격을 지니고 있는 은행, 통신, 교육 및 4차 산업혁명과 관련된 핀테크 등의 지불 산업 등 전 분야들에 걸쳐서 정부의 참여가 확대되고 있다. 또한 정부조달물품과 같은 공공성이 있는 물품의 경우에 있어서도 마찬가지이다.

그림 5-4 정부 참여 또는 개입의 필요성 증대와 관련된 프로세스

자연 독점, 외부 효과(외부 불경제)

↓

특정 상품, 서비스 생산

↓

정부의 참여 또는 개입의 필요성 초래

그림 5-5 개발도상국에서 선진국으로의 발전 단계에 따른 공공재 소비의 임금 또는 소득 탄력성

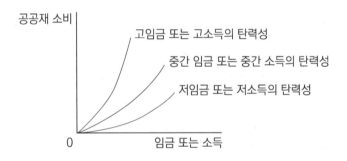

그림 5-6 개발도상국에서의 선진국으로 발전 단계에 따른 1인당 공공재 생산 비교

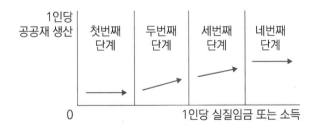

〈그림 5-5〉와 〈그림 5-6〉는 서로 관련된 것으로 〈그림 5-5〉에서는 개발도상국에서 선진국으로 발전 단계에 따른 공공재 소비의 임금 또는 소득 탄력성을 나타냈고, 〈그림 5-6〉에서는 개발도상국에서 선진국으로 발전 단계에 따른 1인당 공공재 생산 비교를 한 것이다.

〈그림 5-5〉에서 볼 수 있듯이 저임금 또는 저소득의 탄력성에 가까운 개발도상국의 경우에 있어서는 공공재 소비도 비교적 낮은 것을 알 수 있다. 이는 사회적인 인프라 투자가 상대적으로 선진국에 비하여 낮기 때문에 공공재에 대한 소비도 낮은 형편임이 감안되고 있다. 반면에 중간 임금 또는 중간 소득의 단계를 지나고 고임금 또는 고소득의 단계로 접어들면, 사회기반시설의 확충이 늘어나 전 국민의 공공재 소비에 대한 기회도 증대되는 것을 알 수 있다.

〈그림 5-6〉에서 개발도상국에서 선진국으로의 발전 단계에 따른 1인당 공공재 생산 비교를 살펴보면, 첫 단계에서는 〈그림 5-5〉와 같이 개발도상국에서 사회 인프라투자 및 시설의 미비로 인하여 비교적 낮은 수준의 1인당 공공재 생산 수준에 머물러 있다가 두 번째 단계에 접어들면서 상당 폭 늘어난 후 완전히 성숙한 선진국의 사회로 들어가면 경제성장률이 둔화되면서 세 번째 단계와 네 번째 단계를 보이는 것을 알 수 있다. 잘 알려진 바와 같이 바그너의 가정에 있어서는 주로 세 단계로 나누지만 여기서는 네 단계로 나누어 보다 쉽게 단계별 접근을 시도하였다.

그림 5-7 전국 설비투자실적(제조업과 대기업)의 동향

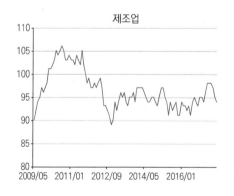

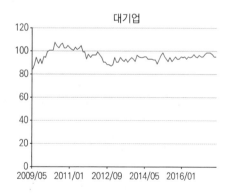

그림 5-8 전국 설비투자실적(중소기업과 중화학공업)의 동향

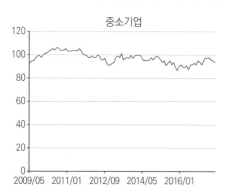

한국은행의 경제통계시스템[간편검색]으로부터 2009년 5월부터 2017년 8월까지 의 전국 설비투자실적(제조업, 대기업, 중소기업, 중화학공업) 동향을 살펴보았다(〈그림 5-7〉, 〈그림 5-8〉). 이를 토대로 살펴보면, 한국은 금융시장에서 이머징마켓으로 분 류되지만 중진국을 넘어 선진국형의 설비투자실적을 보이는 것으로 나타났다. 이 에 따라 〈그림 5-4〉를 대입해보면, 공공재의 소비와 관련하여서는 고임금 또는 고소득의 탄력성을 보이고, 〈그림 5-5〉와 같이 1인당 공공재의 생산에 있어서는 세 번째 정도에 머물러 있을 가능성이 큼을 나타내 주고 있다.

재정학 분야에 탁월한 업적을 남긴 것으로 잘 알려진 보몰(Baumol)의 불균형적인 성장 이론에서는 공공 부문의 지출이 나머지 경제적인 부문보다 빠르게 증가하는 성향이 있음을 지적하고 있다.[1] 실제로 개발도상국에서 선진국으로 진입을 하면서 각종 인권과 관련된 문제와 산업화와 관련된 외부효과 문제(외부불경제), 소득의 불 균형도 등이 심화되면서 공공 부문의 지출이 증가한다. 특히 현재 지구상의 대부분 의 국가들이 겪고 있는 저출산 및 고령화 문제 등에 대한 대책과 개발도상국에서 선진국의 경제로 진입하면서 필요한 각종 사회적인 인프라구축 시스템 등 각종 공 공 부문의 지출과 관련된 요구(need)가 증대되는 것이 현실이다.

---

1 Baumol, WV J. and Bowen, NV. G.(1966), *Performing Arts: The Economic Dilemma*, New York, pp. 415~426.

모든 경제 활동은 개발도상국가에서 선진국으로 발전하면서 노동집약적 산업에서 자본집약적 산업으로 탈바꿈하게 되고, 기술적 진보와 그 외의 영역에서의 진보 두 가지 범위로 구분하게 된다.

한편 노동집약적 산업이든 혹은 자본집약적 산업이든 간에 기술적 진보와 무관한 산업 분야는 물론 존재하지 않는다. 단지 상대적인 개념에서 기술적 진보와 그렇지 않은 두 가지 범위로 구분할 수 있는 것이다.

근로자 1인당 생산량을 기준으로 볼 때, 어느 한 부문에서 기술적 진보와 관련성이 크다면 상대적인 개념에서 당연히 다른 부문에서는 기술적인 진보와의 관련성이 작다는 것이다. 그리고 현실적으로는 비교적 노동집약적 산업보다 자본집약적 산업의 임금이 높은 측면은 있지만 이전 그림의 분기별 시간당 명목임금지수(제조업, 서비스업, 운수업, 금융 및 보험업) 동향(〈그림 5-2〉와 〈그림 5-3〉) 등에서 살펴볼 수 있는 바와 같이 어느 한 분야가 반드시 높다고 간주할 수는 없다.

그 이유는 경제학적인 측면에서 살펴볼 때, 기술적인 숙련도의 익숙함에서의 교육훈련 기간을 제외할 때에는 어느 한 분야에서의 상대적인 임금의 상승은 임금 상승이 더딘 다른 분야에서 임금 상승이 상대적으로 높은 분야로 노동력이 이동하여 임금 상승이 더딘 분야에서 노동력 부족이 발생되면 그 분야에서 임금이 상승하게 되어 전체적으로 임금 수준이 같아지는 성향을 보일 수 있기 때문이다.

한편 공공재를 생산하는 부문과 사적재(민간재)를 생산하는 부문을 비교한다면 공공재를 생산하는 부문에서는 무임 승차자의 경향(소비자 지불 가격이 0이고 한계적인 비용이 0임)이 발생할 수 있는데 사적재(민간재)를 생산하는 분야에 그 공공재의 생산을 맡기게 되면 소비자들이 원하는 만큼의 충분한 생산이 이루어지기 어려운 것이 현실이다. 이렇게 되면 공공재의 생산성이 떨어져 결국 공공재의 생산은 비용의 상승에 직면하게 된다. 그리고 공공재가 사회적 간접자본과 관련되어 있는 인프라 구축과 관련성이 있다면 대규모의 자금 투자가 이루어지고 이에 따른 편익의 발생까지는 상당한 시간이 필요할 수 있어서 이 분야의 투자비용이 상대적으로 민간 부문에 비하여 클 수밖에 없다. 대부분의 공공재의 경우에는 비용-편익분석(cost-benefit analysis) 방법에 의존하여 계산하고 있다.

시장에서 수요의 가격탄력성이 비탄력적이거나 생산성이 낮은 부문에서 상품에 대한 강력한 정치적 수요가 있다고 가정하면, 노동력은 이 부문으로 이동하게 되고 이 분야에 대한 투자 또는 지출이 증가하게 된다.

시장에서 수요의 가격탄력성이 비탄력적이면 가격의 상승폭보다 소비량의 감소 폭이 작다는 의미이고 따라서 생산자의 입장에서는 상대적으로 시장에서 수요의 가격탄력성이 탄력적인 상품보다 가격 인상이 비교적 쉽다. 이에 따라 노동자들의 경우에 있어서도 이와 같은 경우에 있어서는 임금 보전 내지 상승여력이 높다고 볼 수 있다.

또한 공공재의 경우 생산성이 낮은 부문에서 상품에 대한 강력한 정치적 수요가 있다고 가정할 수 있는데, 이 경우 정부에서 대규모의 자금 투자를 한다면 노동력은 고용 창출과 일자리 창출 효과에 의하여 노동력이 이 부문으로 이동하게 되는 것이다.

제2절

공공 부문의 성장

표 5-4 보몰(Baumol)의 불균형적인 성장 이론

구 분	내 용
보몰 (Baumol)의 불균형적인 성장 이론	공공 부문의 지출이 나머지 경제적인 부문보다 빠르게 증가하는 성향이 있음을 지적하고 있다. 실제로 개발도상국에서 선진국으로 진입을 하면서 각종 인권과 관련된 문제와 산업화와 관련된 외부효과 문제(외부불경제), 소득의 불균형도 등이 심화되면서 공공 부문의 지출이 증가한다. 특히 현재 지구상의 대부분의 국가들이 겪고 있는 저출산 및 고령화 문제 등에 대한 대책과 개발도상국에서 선진국의 경제로 진입하면서 각종 사회적인 인프라구축 시스템의 필요성 등 각종 공공 부문의 지출과 관련된 요구(need)가 증대되는 것이 현실이다.
	모든 경제 활동은 개발도상국에서 선진국으로 발전하면서 노동집약적 산업에서 자

구 분	내 용
	본집약적 산업으로 탈바꿈하게 되고, 기술적 진보와 그 외의 영역에서의 진보 두 가지 범위로 구분하게 된다.
	한편 노동집약적 산업이든 혹은 자본집약적 산업이든 간에 기술적 진보와 무관한 산업 분야는 물론 존재하지 않는다. 단지 상대적인 개념에서 기술적 진보와 그렇지 않은 두 가지 범위로 구분할 수 있는 것이다.
	공공재를 생산하는 부문과 사적재(민간재)를 생산하는 부문을 비교한다면 공공재를 생산하는 부문에서는 무임 승차자의 경향(소비자 지불 가격이 0이고 한계적인 비용이 0임)이 발생할 수 있는데 사적재(민간재)를 생산하는 분야에 그 공공재의 생산을 맡기게 되면 소비자들이 원하는 마큼의 충분한 생산이 이루어지기 어려운 것이 현실이다. 이렇게 되면 공공재의 생산성이 떨어져 결국 공공재의 생산은 비용의 상승에 직면하게 된다. 그리고 공공재가 사회적 간접자본과 관련되어 있는 인프라 구축과 관련성이 있다면 대규모의 자금 투자가 이루어지고 이에 따른 편익의 발생까지는 상당한 시간이 필요할 수 있어서 이 분야의 투자비용이 상대적으로 민간 부문에 비하여 클 수밖에 없다. 대부분의 공공재의 경우에는 비용-편익분석(cost-benefit analysis) 방법에 의존하여 계산하고 있다.
	시장에서 수요의 가격탄력성이 비탄력적이거나 생산성이 낮은 부문에서 상품에 대한 강력한 정치적 수요가 있다고 가정하면, 노동력은 이 부문으로 이동하게 되고 이 분야에 대한 투자 또는 지출이 증가하게 된다.

한편 공공 부문이 덜 생산적인 부문이라고 해서 정부에서 이 부문을 과도하게 증가시키기도 어렵다. 결과적으로는 국민들의 파레토 최적 즉 사회후생 함수를 극대화해야 하는데 공공 부문은 국민들에게 있어서는 세금 부담의 증가로 이어질 수 있기 때문이다. 또한 공공 부문의 크기의 증가는 상대적으로 민간 부문을 위축시키고 이는 경제활동을 위축시켜 경제에 대한 악순환을 초래할 수 있는 우려도 있다.

이에 따라 공공 부문을 과도하게 증가시키기보다는 민간 부문의 성장 속도에 맞추어 증가시켜 나가는 것이 바람직하다. 한국의 경제에서도 저출산 및 고령화 속도가 다른 OECD 국가에 비하여 빠르게 진행되고 있으므로 이들 분야에 대한 정부 개입과 지출의 증대는 상당히 중요하다. 하지만 전체 예산에서 이들 분야 이외에 있어서는 민간 부문의 성장 속도에 비례하여 진행시켜나가는 것도 하나의 방법이다. 현재의 정부에서도 이와 같은 방향을 잘 인지하고 진행시켜나가고 있으며, 향후에도 이와 같은 정책의 기조가 이어질 것으로 기대하고 있다. 이는 결과적으로 균형 재정(fiscal balance)에도 매우 중요하고 다음 세대의 지속가능성에도 매우 긴요한 측면이다.

공공 부문, 특히 공공재의 공급과 관련된 특징은 다음과 같다. 첫째, 정부 서비스에 대한 가격 탄력성이 낮다는 것이다. 즉 사회에 꼭 필요한 분야에 대한 투자이기 때문에 정부에서 가격을 높인다고 하여 수요를 줄이기 쉽지 않다는 것이다. 예를 들어 학생들이 등하교 시 매일 지하철을 이용한다고 할 경우에 지하철 요금이 인상되었다고 하여 다른 대체 교통수단을 강구하기 쉽지 않다. 이 경우 정부 서비스에 대한 가격 탄력성이 낮을 수밖에 없는 것이다.

둘째, 생산성 향상의 측면에 국한하여 살펴보면 민간 부문에서 공공 부문보다 생산성 향상이 쉽게 이루어질 수 있다는 것이다. 민간 부문은 생산성이 높은 부문에 집중 투자하여 비용을 낮추고 규모의 경제를 이루어 나갈 수 있지만 공공 부문은 이와 같은 투자가 이루어지기 어렵기 때문이다.

셋째, 민간 부문과 공공 부문의 상대적으로 동일한 임금 수준의 측면이다. 이는 앞에서도 설명한 바와 같이 상대적으로 어느 한 분야(A)의 임금 상승은 결국 다른 분야(B)에서 임금 상승이 높은 분야(A)로의 노동력이 이동하게 되는 것과 관련된 것이다. 그 이유는 경제학적인 측면에서 살펴볼 때, 기술적인 숙련도의 익숙함에서의 교육훈련 기간을 제외할 때 어느 한 분야(A)에서의 상대적인 임금의 상승은 임금 상승이 더딘 다른 분야(B)에서 임금 상승이 상대적으로 높은 분야(A)로 노동력이 이동하여 임금 상승이 더딘 분야(B)에서 노동력 부족이 발생되면 그 분야에서 임금이 상승하게 되어 전체적으로 임금 수준이 같아지는 성향을 보일 수 있기 때문이다.

결과적으로 현실경제에 있어서는 민간 부문에 비해 공공 부문에서 비용이 보다 빠르게 상승할 수밖에 없다. 즉 개발도상국에서 선진국형으로 진행될수록 저출산 및 고령화와 산업화에 따른 외부효과(외부불경제)로 인하여 결국 공공 부문에서의 비용 증가가 발생할 수밖에 없다. 따라서 정부 지출의 증가율이 GDP성장률보다 빠른 속도로 늘어날 수밖에 없다는 것이 경제학적인 측면에서 살펴볼 경우에 있어서 합리적 기대(rational expectation)인 것이다.

표 5-5 공공 부문(공공재 공급)에서의 비용 증가와 성장

구 분	내 용
공공 부문과 민간 부문의 비례적인 성장 속도	공공 부문이 덜 생산적인 부문이라고 해서 정부에서 이 부문을 과도하게 증가시키기도 어렵다. 결과적으로는 국민들의 파레토 최적 즉 사회후생 함수를 극대화해야 하는데 공공 부문은 국민들에게 있어서는 세금 부담의 증가로 이어질 수 있기 때문이다. 또한 공공 부문의 크기의 증가는 상대적으로 민간 부문을 위축시키고 이는 경제활동을 위축시켜 경제에 대한 악순환을 초래할 수 있는 우려도 있나. 이에 따라 공공 부문을 과도하게 증가시키기보다는 민간 부문의 성장 속도에 비례하여 증가시켜 나가는 것이 바람직하다.
공공 부문 특히 공공재의 공급과 관련된 특징	첫째, 정부 서비스에 대한 가격 탄력성이 낮다는 것이다. 즉 사회에 꼭 필요한 분야에 대한 투자이기 때문에 정부에서 가격을 높인다고 하여 수요를 줄이기 쉽지 않다는 것이다. 예를 들어 학생들이 등교 시 매일 지하철을 이용한다고 할 경우에 지하철 요금이 인상되었다고 하여 다른 대체 교통수단을 강구하기 쉽지 않다. 이 경우 정부 서비스에 대한 가격 탄력성이 낮을 수밖에 없는 것이다. 둘째, 생산성 향상의 측면에 국한하여 살펴보면 민간 부문에서 공공 부문보다 생산성 향상이 쉽게 이루어질 수 있다는 것이다. 민간 부문은 생산성이 높은 부문에 집중 투자하여 비용을 낮추고 규모의 경제를 이루어 나갈 수 있지만 공공 부문은 이와 같은 투자가 이루어지기 어렵기 때문이다. 셋째, 민간 부문과 공공 부문의 상대적으로 동일한 임금 수준의 측면이다. 이는 앞에서도 설명한 바와 같이 상대적으로 어느 한 분야(A)의 임금 상승은 결국 다른 분야(B)에서 임금 상승이 높은 분야(A)로의 노동력이 이동하게 되는 것과 관련된 것이다.
공공 부문에서의 비용 증가	현실경제에 있어서는 민간 부문에 비해 공공 부문에서 비용이 보다 빠르게 상승할 수밖에 없다. 즉 개발도상국에서 선진국형으로 진행될수록 저출산 및 고령화와 산업화에 따른 외부효과(외부불경제)로 인하여 결국 공공 부문에서의 비용 증가가 발생할 수밖에 없다. 따라서 정부 지출의 증가율이 GDP성장률보다 빠른 속도로 늘어날 수밖에 없다는 것이 경제학적인 측면에서 살펴볼 경우에 있어서 합리적 기대(rational expectation)인 것이다.

그림 5-9 공공 부문(공공재 공급)에서의 비용 증가와 성장 프로세스

공공 부문과 민간 부문의 비례적 성장

↓

공공 부문에서의 비용 증가

↓

정부 지출의 증가율이 GDP성장률보다 빠른 속도로 증가

　

최근 들어 공공 부문의 증대와 관련하여 매우 잘 알려져 있는 피칵(Peacock)과 와이즈만(Wiseman)의 접근방법을 살펴보면, 공공 부문에 있어서의 상대적인 증대는 지속적인 형태를 지니기보다는 계단과 같은 형식을 보여준다고 주장하고 있다.

이는 농업국가에서 산업화과정을 거치면서 도로 및 교통망 등 사회간접자본 시설의 투자가 한층 가열되었다가 다시 개발도상국에서 선진국으로 진입하면서 이에 필요한 사회적인 인프라투자 구축이 일어나게 되고, 최근의 저출산 및 고령화 사회로 접어들면서 이에 필요한 공공재 및 공공서비스가 급증하는 등 공공 부문의 역할의 증대와 함께 단계마다 다른 양상도 보이고 있는 것이 마치 계단과 같은 형식이라는 것이다.

표 5-6 공공 부문의 증대와 관련된 피칵(Peacock)과 와이즈만(Wiseman)의 접근방법[2]

구 분	내 용
공공 부문의 증대와 관련된 피칵(Peacock)과 와이즈만 (Wiseman)의 접근방법	공공 부문에 있어서의 상대적인 증대는 지속적인 형태를 지니기보다는 계단과 같은 형식을 보여준다고 주장하고 있다.
	농업국가에서 산업화과정을 거치면서 도로 및 교통망 등 사회간접자본 시설의 투자가 한층 가열되었다가 다시 개발도상국에서 선진국으로 진입하면서 이에 필요한 사회적인 인프라투자 구축이 일어나게 되고, 최근의 저출산 및 고령화 사회로 접어들면서 이에 필요한 공공재 및 공공서비스가 급증하는 등 공공 부문의 역할의 증대와 함께 단계마다 다른 양상도 보이고 있는 것이 마치 계단과 같은 형식이라는 것이다.

---

2 Peacock, A. T. and Wiseman J.(1961), "The Grrowth of Public Expenditure in the United Kingdom", Princeton University Press, Princeton, pp. 9~24.

한국은행의 경제통계시스템으로부터 2009년 5월부터 2017년 8월까지의 연도별 및 전국의 설비투자실적(경공업)과 주요 국공채발행액 및 잔액을 살펴보았다. 여기서 주요 국공채발행액 및 잔액 중 국고채권 발행액 및 잔액(기간은 2000년 10월부터 2017년 6월임), 양곡증권 발행액(기간은 1985년 1월부터 1999년 12월까지임) 등이다(〈그림 5-10〉, 〈그림 5-11〉).

이를 토대로 살펴보면, 한국이 금융시장에서 이머징마켓으로 분류되지만 중진국을 넘어 선진국형의 설비투자실적을 보이는 것으로 중화학공업뿐 아니라 경공업 부문에서도 이와 같은 현상을 파악해 볼 수 있었다. 즉 경공업 부문에서도 〈그림

그림 5-10 연도별 및 전국의 설비투자실적(경공업)과 국고채권 발행액의 현황 (단위: 십억원)

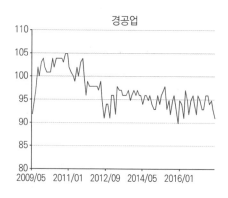
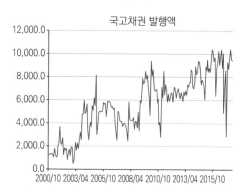

그림 5-11 국고채권 잔액 및 양곡증권 발행액의 현황　　(단위: 십억원)

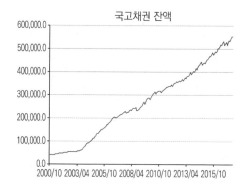

5-5)에서와 같이 공공재의 소비와 관련하여서는 고임금 또는 고소득의 탄력성을 보이고, 〈그림 5-6〉과 같이 1인당 공공재의 생산에 있어서는 세 번째 정도에 머물러 있을 가능성이 큼을 보여주고 있는 것이다.

주요 국채발행액 및 잔액 중 국고채권 발행액 및 잔액을 살펴보면, 최근까지 꾸준히 상승하고 있는 것을 알 수 있다. 이는 국가가 개발도상국에서 선진국의 형태로 진입하면서 각종 공공 부문과 관련된 사회 인프라투자가 지속되고 있는 이론이 우리나라에서도 실증적으로 뒷받침되고 있는 것이다.

〈그림 5-12〉에서 공공 부문의 증대와 관련된 피콕(Peacock)과 와이즈만(Wiseman)의 분석을 살펴보면, 공공 부문에 있어서의 상대적인 증대가 지속적인 형태를 지니기 보다는 계단과 같은 형식을 나타내고 있다. 그림을 토대로 살펴보면, 농업국가에서 산업화과정을 거치면서 도로 및 교통망 등 사회간접자본 시설의 투자가 한층 가열되었다가 다시 개발도상국에서 선진국으로 진입하면서 이에 필요한 사회적인 인프라투자 구축이 일어나게 되고, 최근의 저출산 및 고령화 사회로 접어들면서 이에 필요한 공공재 및 공공서비스가 급증하는 등 공공 부문의 역할의 증대와 함께 단계마다 다른 양상을 보이고 있다.

즉, 두 번째 단계와 네 번째 단계의 경우 단계의 도약 내지 점핑(jumping)을 하고 있다. 첫 번째 단계부터 다섯 번째 단계를 살펴보면, 첫 번째 단계부터 다섯 번째 단계로 갈수록 기울기가 가파르면서 두 번째 단계와 네 번째 단계에서는 지속된 양상이 아니라 분절된 양상(discrete)을 보이면서 성장해 나가고 있는 것이다.

그림 5-12 공공 부문의 증대와 관련된 피콕(Peacock)과 와이즈만(Wiseman)의 분석

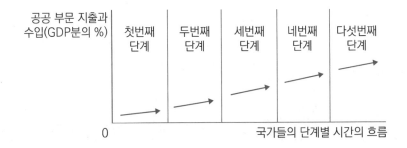

공공 부문의 증대와 관련된 피칵(Peacock)과 와이즈만(Wiseman)의 분석을 토대로 살펴보면, 분절된 형태(discrete)의 국면에 있어 정부의 이전 지출 양상은 없어지고 새로운 형태의 지출 양상이 전개된다.

예를 들어 세계 1차 대전과 2차 대전, 대공황 등 외부적인 강한 충격이 발생될 때 전후 복구와 관련하여 새로운 형태의 예산 부과가 불가피하다는 것이다. 이 경우에 있어서는 이전과는 비교도 안 될 정도의 예산 수준의 편성과 이를 통한 고용 창출 및 경제의 선순환 구조의 유도가 절실한 것이다.

이와 같은 새로운 형태의 투자에 있어서는 이전부터 생산해 오던 사적(민간) 부문인 전통적인 산업에 의존할 수도 있다. 이는 공공 부문이 이전의 전통적인 산업 부문과 별개로 진행되지 않을 수 있다는 것이다. 이에 따라, 사적(민간) 부문에 있어서 각종 급여 형태와 연구 및 개발 비용이 공공 부문으로부터 지급될 수 있다. 급여의 형태에는 다양한 형태가 있을 수 있는데, 실업 급여 등 다른 직장을 찾는 데까지 제공되는 생활안정자금을 비롯하여 새로운 형태의 직장을 구하기 위하여 퇴직한 경우에 있어서 퇴직 급여 등 여러 가지 형태로 정부는 이들 전후 복구사업과 대공황, 금융위기 등 경제적인 강한 충격(impact)에 대하여 경제 안정화 정책을 취할 수 있다는 것이다.

표 5-7 공공 부문의 증대와 관련된 피칵(Peacock)과 와이즈만(Wiseman)의 분석

구 분	내 용
공공 부문의 증대와 관련된 피칵(Peacock)과 와이즈만 (Wiseman)의 분석	분절된 형태(discrete)의 국면에 있어 정부의 이전 지출 양상은 없어지고 새로운 형태의 지출 양상이 전개된다.
	세계 1차 대전과 2차 대전, 대공황 등 외부적인 강한 충격이 발생될 때 전후 복구와 관련하여 새로운 형태의 예산 부과가 불가피하다는 것이다. 이 경우에 있어서는 이전과는 비교도 안 될 정도의 예산 수준의 편성과 이를 통한 고용 창출 및 경제의 선순환 구조의 유도가 절실한 것이다.
	새로운 형태의 투자에 있어서는 이전부터 생산해 오던 사적(민간) 부문인 전통적인 산업에 의존할 수도 있다. 이는 공공 부문이 이전의 전통적인 산업 부문과 별개로 진행되지 않을 수 있다는 것이다. 이에 따라, 사적(민간) 부문에 있어서 각종 급여 형태와 연구 및 개발 비용이 공공 부문으로부터 지급될 수 있다.

그림 5-13 공공 부문의 증대와 관련된 피칵(Peacock)과 와이즈만(Wiseman)의 체계

분절된 형태(discrete)의 국면: 세계 1차 대전과 2차 대전, 대공황, 금융 위기 등

↓

사적(민간) 부문인 전통적인 산업에도 의존

↓

공공 부문은 사적(민간) 부문에 각종 급여 형태와 연구 및 개발 비용 제공

그림 5-14 주요 국공채발행액 및 잔액 중 양곡증권 잔액과 국민주택채권 발행액의 동향

(단위: 십억원)

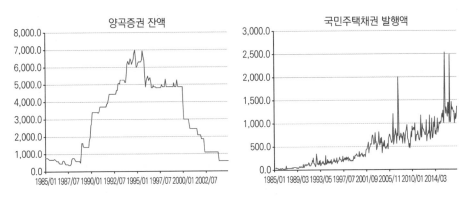

그림 5-15 주요 국공채발행액 및 잔액 중 국민주택채권 잔액과 산업금융채권 발행액의 동향

(단위: 십억원)

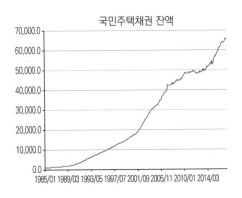
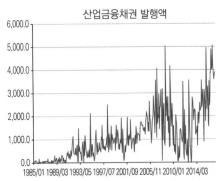

한국은행의 경제통계시스템을 통하여 주요 국공채발행액 및 잔액 중 양곡증권 잔액, 국민주택채권 발행액 및 잔액, 산업금융채권 발행액을 살펴보았다(〈그림 5-14〉, 〈그림 5-15〉). 여기서 주요 국공채발행액 및 잔액 중 양곡증권의 잔액은 1985년 1월부터 2004년 12월까지이다. 그리고 국민주택채권의 발행액 및 잔액, 산업금융채권의 발행액은 각각 1985년 1월부터 2017년 6월까지이다.

여기에서 알 수 있는 바와 같이 개발도상국가에서 선진국형으로 진입하려는 우리나라의 시대별 다른 양상을 살펴볼 수 있다. 양곡증권 잔액의 경우 2000년대로 접어들면서 급격하게 줄어든 것을 알 수 있다. 반면에 국민주택채권의 발행액 및 잔액, 산업금융채권의 발행액이 1985년 1월부터 2017년 6월까지 꾸준히 상승하고 있음을 알 수 있다. 이는 우리나라가 산업화 과정을 거치면서 인구의 증가에 기인하여 주택에 대한 수요가 급증해 나갔음을 알 수 있는 것이다.

이와 같이 국가의 단계별 맞춤형 공공 부문 예산의 증대와 투자가 이루어져야 하고 우리나라에서도 피칵(Peacock)과 와이즈만(Wiseman)이 주장한 대로 분절된 형태(discrete)의 국면에 있어 정부의 이전 지출 양상은 없어지고 새로운 형태의 지출 양상이 발생하고 있음을 알 수 있다.

한편 산업금융채권의 발행액은 상당한 변화 양상을 나타내고 있는데, 예를 들어 2008년 미국의 서브프라임 모기지 사태와 같은 국면에서는 우리나라에 대한 파장을 우려하여 이전보다 발행액이 증가한 양상도 나타나고 있다.

세계 1차 대전과 2차 대전, 대공황, 금융위기(currency crisis), 국가의 모라토리움 선언 등 각종 경제혼란에서는 정부는 대량 실업을 극복하고자 실업 급여를 비롯하여 재취업 알선 및 교육 등 각종 치유책을 강구하여야 한다.

이를 위해서는 기존의 교량 및 항만, 도로 건설과 같은 국가의 인프라 구축을 위한 투융자를 비롯하여 고령화사회 진입에 따른 U-Health 시스템과 같은 병원운영 관련 시스템에 이르기까지 각종 디자인이 각 국가의 단계에 맞게 도입되고 이전에 실효성이 부족한 영역은 과감하게 제거해 나가야 한다.

국가의 단계별 발전에 따른 정부 역할의 변화를 살펴보면, 우선적으로 집중적인 정책 집행의 효과를 들 수 있다. 이 효과는 경제 활동에 따라 사회가 발전함에 따라

표 5-8 국가의 단계별 발전에 따른 정부의 역할 변화

구 분	내 용
각종 경제적인 혼란 시기	세계 1차 대전과 2차 대전, 대공황, 금융위기(currency crisis), 국가의 모라토리움 선언 등 각종 경제혼란에서는 정부는 대량 실업을 극복하고자 실업 급여를 비롯하여 재취업 알선 및 교육 등 각종 치유책을 강구하여야 한다.
	기존의 교량 및 항만, 도로 건설과 같은 국가의 인프라 구축을 위한 투융자를 비롯하여 고령화사회 진입에 따른 U-Health 시스템과 같은 병원운영 관련 시스템에 이르기까지 각종 디자인이 각 국가의 단계에 맞게 도입되고 이전에 실효성이 부족한 영역은 과감하게 제거해 나가야 한다.

그림 5-16 국가의 단계별 발전에 따른 정부의 역할 변화 과정의 전개

각종 경제적인 혼란 시기: 세계 1차 대전과 2차 대전, 대공황,
금융위기(currency srisis), 국가의 모라토리움 선언 등

↓

실업 급여를 비롯하여 재취업 알선 및 교육 등 각종 재정정책을 통하여 치유책을 강구

↓

각 국가의 단계별 맞춤 재정정책 필요성:
도로와 같은 국가의 인프라 구축과 고령화사회 진입에 따른
U-Health 시스템과 같은 병원운영 관련 시스템

경제 성장을 토대로 하여 전체적인 공공 부문의 성장은 경제 활동의 성장 비율과 같이 성장하는 경향이 있게 된다는 측면이다. 즉 농업 국가에서 산업화를 겪으면서 비약적으로 재화의 생산이 늘어나게 되고 이에 따라 사회적인 전체 부문에 있어서 인간 소외 문제와 같은 것들이 발생하게 되며, 국민들을 연결하는 사회 인프라 구축과 같이 사회적인 시설도 늘어나게 된다. 그리고 최근에 들어 저출산 고령화 문제가 본격적으로 대두되면서 선진국형의 경제 체제에서 이에 적합한 사회의 양태를 살펴보면, 보육시설의 확충과 병원 서비스의 선진화 등이 대두되고 있는 것이다.

연습문제

✎ 연습문제 5-1

경제 성장과 관련된 정부 기능의 증대에 대하여 설명하시오.

> 정답 경제 성장과 이에 걸맞는 사회 발전(advance)으로 발생한다. 경제 성장에 따라 문화 및 여가의 사용이 증가하게 되고 이에 걸맞게 정부의 기능과 역할도 변화하게 되는 것이다.

✎ 연습문제 5-2

보몰(Baumol)의 불균형적인 성장 이론에 대하여 설명하시오.

> 정답 공공 부문의 지출이 나머지 경제적인 부문보다 빠르게 증가하는 성향이 있음을 지적하고 있다. 실제로 개발도상국에서 선진국으로 진입을 하면서 각종 인권과 관련된 문제와 산업화와 관련된 외부효과 문제(외부불경제), 소득의 불균형도 등이 심화되면서 공공 부문의 지출이 증가하고 있다. 특히 현재 지구상의 대부분의 국가들이 겪고 있는 저출산 및 고령화 문제 등에 대한 대책과 개발도상국에서 선진국의 경제로 진입하면서 각종 사회적인 인프라구축 시스템의 필요성 등 각종 공공 부문의 지출과 관련된 요구(need)가 증대되는 것이 현실이다.
>
> 모든 경제 활동은 개발도상국가에서 선진국으로 발전하면서 노동집약적 산업에서 자본집약적 산업으로 탈바꿈하면서 기술적 진보와 그 외의 영역에서의 진보 두 가지 범위로 구분하게 된다.
>
> 한편 노동집약적 산업이든 혹은 자본집약적 산업이든 간에 기술적 진보와 무관한 산업 분야는 물론 존재하지 않는다. 단지 상대적인 개념에서 기술적 진보와 그 외의 영역에서의 진보 두 가지 범위로 구분할 수 있는 것이다.
>
> 공공재를 생산하는 부문과 사적재(민간재)를 생산하는 부문을 비교한다면 공공재를 생산하는 부문에서는 무임 승차자의 경향(소비자 지불 가격이 0이고 한계적인 비용이 0임)이 발생될 수 있어서 사적재(민간재)를 생산하는 분야에 그 공공재의 생산을 맡기게 되면 소비자들이 원하는 만큼의 충분한 생산이 이루어지기 어려운 것이 현실이다. 이렇게 되면 공공재의 생산성이 떨어져 결국 공공재의 생산은 비용의 상승

에 직면하게 된다. 그리고 공공재가 사회적 간접자본과 관련되어 있는 인프라 구축과 관련성이 있다면 대규모의 자금 투자가 이루어지고 이에 따른 편익의 발생까지는 상당한 시간이 필요할 수 있어서 이 분야의 투자비용이 상대적으로 민간 부문에 비하여 클 수밖에 없다. 대부분의 공공재의 경우에는 비용-편익분석(cost-benefit analysis) 방법에 의존하여 계산하고 있다.

시장에서 수요의 가격탄력성이 비탄력적이거나 생산성이 낮은 부문에서 상품에 대한 강력한 정치적 수요가 있다고 가정하면, 노동력은 이 부문으로 이동하게 되고 이 분야에 대한 투자 또는 지출이 증가하게 된다.

✎ 연습문제 5-3

공공 부문(공공재 공급)에서의 비용 증가와 성장에 대하여 설명하시오.

> **정답** 공공 부문이 덜 생산적인 부문이라고 해서 정부에서 이 부문을 과도하게 증가시키기도 어렵다. 결과적으로는 국민들의 파레토 최적, 즉 사회후생 함수를 극대화해야 하는데 공공 부문은 국민들에게 있어서는 세금 부담의 증가로 이어질 수 있기 때문이다. 또한 공공 부문의 크기의 증가는 상대적으로 민간 부문을 위축시켜 경제활동을 위축시키고 이는 경제에 대한 악순환을 초래할 수 있는 우려도 있다. 이에 따라 공공 부문을 과도하게 증가시키기보다는 민간 부문의 성장 속도에 맞추어 증가시켜 나가는 것이 바람직하다.
>
> 첫째, 정부 서비스에 대한 가격 탄력성이 낮다는 것이다. 즉 사회에 꼭 필요한 분야에 대한 투자이기 때문에 정부에서 가격을 높인다고 하여 수요를 줄이기 쉽지 않다는 것이다. 예를 들어 학생들이 등하교 시 매일 지하철을 이용한다고 할 경우에 지하철 요금이 인상되었다고 하여 다른 대체 교통수단을 강구하기 쉽지 않다. 이 경우 정부 서비스에 대한 가격 탄력성이 낮을 수밖에 없는 것이다.
>
> 둘째, 생산성 향상의 측면에 국한하여 살펴보면 민간 부문에서 공공 부문보다 생산성 향상이 쉽게 이루어질 수 있다는 것이다. 민간 부문은 생산성이 높은 부문에 집중 투자하여 비용을 낮추고 규모의 경제를 이루어 나갈 수 있지만 공공 부문은 이와 같은 투자가 이루어지기 어렵기 때문이다.
>
> 셋째, 민간 부문과 공공 부문의 상대적으로 동일한 임금 수준의 측면이다. 이는 앞에서도 설명한 바와 같이 상대적으로 어느 한 분야(A)의 임금 상승은 결국 다른 분야(B)에서 임금 상승이 높은 분야(A)로의 노동력이 이동하게 되는 것과 관련된 것이다. 현실경제에 있어서는 민간 부문에 비해 공공 부문에서 비용이 보다 빠르게 상승할 수밖에 없다. 즉 개발도상국에서 선진국형으로 진행될수록 저출산 및 고령화와 산업화에 따른 외부효과(외부불경제)로 인하여 결국 공공 부문에서의 비용 증가가 발생할 수밖에 없다. 따라서 정부 지출의 증가율이 GDP성장률보다 빠른 속도로 늘어날 수밖에 없다는 것이 경제학적인 측면에서 살펴볼 경우에 있어서 합리적 기대(rational expectation)인 것이다.

✎ 연습문제 5-4

공공 부문의 증대와 관련된 피칵(Peacock)과 와이즈만(Wiseman)의 접근방법에 대하여 설명하시오.

> 정답 공공 부문에 있어서의 상대적인 증대는 지속적인 형태를 지니기보다는 계단과 같은 형식을 보여준다고 주장하고 있다.
> 농업국가에서 산업화과정을 거치면서 도로 및 교통망 등 사회간접자본 시설의 투자가 한층 가열되었다가 다시 개발도상국에서 선진국으로 진입하면서 이에 필요한 사회적인 인프라투자 구축이 일어나게 되고, 최근의 저출산 및 고령화 사회로 접어들면서 이에 필요한 공공재 및 공공서비스가 급증하는 등 공공 부문의 역할의 증대와 함께 단계마다 다른 양상도 보이고 있는 것이 마치 계단과 같은 형식이라는 것이다.

✎ 연습문제 5-5

공공 부문의 증대와 관련된 피칵(Peacock)과 와이즈만(Wiseman)의 분석에 대하여 설명하시오.

> 정답 분절된 형태(discrete)의 국면에 있어 정부의 이전 지출 양상은 없어지고 새로운 형태의 지출 양상이 전개된다.
> 세계 1차 대전과 2차 대전, 대공황 등 외부적인 강한 충격이 발생될 때 전후 복구와 관련하여 새로운 형태의 예산 부과가 불가피하다는 것이다. 이 경우에 있어서는 이전과는 비교도 안 될 정도의 예산 수준의 편성과 이를 통한 고용창출 및 경제의 선순환 구조의 유도가 절실한 것이다.
> 새로운 형태의 투자에 있어서는 이전부터 생산해 오던 사적(민간) 부문인 전통적인 산업에 의존할 수도 있다. 이는 공공 부문이 이전의 전통적인 산업 부문과 별개로 진행되지 않을 수 있다는 것이다. 이에 따라 사적(민간) 부문에 있어서 각종 급여 형태와 연구 및 개발 비용이 공공 부문으로부터 지급될 수 있다.

✎ 연습문제 5-6

국가의 단계별 발전에 따른 정부의 역할 변화에 대하여 설명하시오.

> 정답 세계 1차 대전과 2차 대전, 대공황, 금융위기(currency crisis), 국가의 모라토리움

선언 등 각종 경제혼란 시기에서는 정부는 대량 실업을 극복하고자 실업 급여를 비롯하여 재취업 알선 및 교육 등 각종 치유책을 강구하여야 한다.

기존의 교량 및 항만, 도로 건설과 같은 국가의 인프라 구축을 위한 투융자를 비롯하여 고령화사회 진입에 따른 U-Health 시스템과 같은 병원운영 관련 시스템에 이르기까지 각종 디자인이 각 국가의 단계에 맞게 도입되고 이전에 실효성이 부족한 영역은 과감하게 제거해 나가야 한다.

chapter 06
경제 성장 및 공공 부문의 역할

제1절

경제 성장 및 사회와 공공 부문

표 6-1 집중적인 정책 집행의 효과

구 분	내 용
집중적인 정책 집행의 효과	경제 활동에 따라 사회가 발전함에 따라 경제 성장을 토대로 하여 전체적인 공공 부문의 성장은 경제 활동의 성장 비율과 같이 성장하는 성향이 있게 된다.
	농업 국가에서 산업화를 겪으면서 비약적으로 재화의 생산이 늘어나게 되고 이에 따라 사회적인 전체 부문에 있어서 인간 소외 문제와 같은 것들이 발생하게 되고, 국민들을 연결하는 사회 인프라 구축과 같이 사회적인 시설도 늘어나게 된다. 그리고 최근에 들어 저출산 고령화 문제가 본격적으로 대두되면서 선진국형의 경제 체제에서 이에 적합한 사회의 양태를 살펴보면, 보육시설의 확충과 병원 서비스의 선진화 등이 대두되고 있는 것이다.

그림 6-1 국가들의 단계별 경제 및 사회성장과 비례된 공공 부문의 증대 프로세스

집중적인 정책 집행의 효과

↓

전체적인 공공 부문의 성장은 경제 활동의 성장 비율과 같이 성장

↓

정부는 국가들의 단계별 성장에 따른 공공 부문의 재화와 서비스 공급

한국은행의 경제통계시스템을 통하여 주요 국공채발행액 및 잔액 중 산업금융채권 잔액과 외국환평형기금채권 발행액 및 잔액, 통화안정증권 발행액을 살펴보았다 〈〈그림 6-2〉, 〈그림 6-3〉〉. 여기서 주요 국공채발행액 및 잔액 중 산업금융채권의 잔액은 1985년 1월부터 2017년 6월까지이다. 그리고 외국환평형기금채권의 발행액은 1987년 1월부터 2003년 11월까지이고, 외국환평형기금채권의 잔액은 1987년 1월부터 2008년 6월까지이다. 통화안정증권의 발행액은 1972년 1월부터 2017년 7월까

그림 6-2 주요 국공채발행액 및 잔액 중 산업금융채권 잔액과 외국환평형기금채권 발행액의 동향
(단위: 십억원)

그림 6-3 주요 국공채발행액 및 잔액 중 외국환평형기금채권 잔액과 통화안정증권 발행액의 동향
(단위: 십억원)

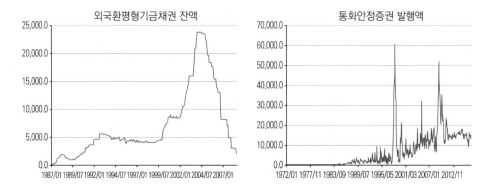

지이다.

산업금융채권 잔액의 1985년 1월부터 2017년 6월까지의 기간을 살펴보면, 최근 한진해운 사태와 같은 대내적인 경제 충격의 안정을 취하기 위하여 잔액 수준이 높게 형성되었음을 알 수 있다.

외국환평형기금채권의 발행액 및 잔액은 우리나라의 통화위기(currency crisis)와 그 이후 경제의 안정적인 유지를 위하여 이슈가 집중되었음을 알 수 있다. 통화안정증권의 발행액은 세계적인 경제 불황의 타개책과 물가와 같은 정책변수의 움직임에 따라 경제의 안정화정책에 적합한 재정정책 이외의 금융정책이 수반되고 있음을 반증하고 있다. 최근의 동향을 살펴보면, 미국의 서브프라임 모기지 사태와 같은 경제 및 금융에 대한 충격파를 완화시키기 위하여 적극적인 통화신용정책을 실시하였음을 이 데이터를 토대로도 살펴볼 수 있다.

이와 같이 정부는 국가의 발전에 따라 그리고 국가의 위기 시에 그에 적합한 집중적인 효과를 토대로 경제적인 안정화정책과 사회의 발전에 맞게 수요(needs)의 증대에 필요한 공공 부문의 증대를 지속화하고 있는 것이다.

공공적인 부문에 있어서 발전에 대하여 아주 잘 알려진 클라크(Clark)의 주장은 '다소 위험해 보일 수 있는 제한 가정'에 기초하고 있다. 여기서 제한이라는 것은 물가상승률과 관련된 것이다. 현재는 세계적으로 인플레이션의 국면보다는 경기침체에 따른 디플레이션 가능성이 높은 시기로 판단되지만, 세계적인 초저금리와 심지어 마이너스 금리(negative interest rate)의 국면으로 인하여 실물경제와 주식시장의 호황 등이 지속되고 있어서 언제든지 물가상승이 이슈화될 수도 있는 것이다.

결국 정부의 지출에 따른 경기 부양 효과는 부동산 문제와 같은 실물경제로의 전환에 따른 물가상승 가능성에 초점을 둘 수밖에 없다. 특히 특정지역에 대한 신도시 건설이나 개발계획 등이 이루어질 경우 인근지역까지 도미노현상이 발생하여 물가상승에 기폭제도 될 수 있기 때문이다. '다소 위험해 보일 수 있는 제한의 가정'에는 경제체제가 조세를 기반으로 하고 각종 요금 및 비용 측면으로부터 공공분야가 전체 경제의 분야에서 차지하는 비중이 20~30% 사이를 넘게 될 경우 물가상승에 따른 부작용이 일어나게 된다는 논리이다.

표 6-2 클라크(Clark)의 '다소 위험해 보일 수 있는 제한의 가정'[1]

구 분	내 용
클라크(Clark)의 '다소 위험해 보일 수 있는 제한의 가정'	공공적인 부문에 있어서 발전에 대하여 아주 잘 알려진 클라크(Clark)의 주장은 '다소 위험해 보일 수 있는 제한 가정'에 기초하고 있다. 여기서 제한이라는 것은 물가상승률과 관련된 것이다. 현재는 세계적으로 인플레이션의 국면보다는 경기침체에 따른 디플레이션 가능성이 높은 시기로 판단되지만, 세계적인 초저금리와 심지어 마이너스 금리(negative interest rate)의 국면으로 인하여 실물경제와 주식시장의 호황 등이 지속되고 있어서 언제든지 물가상승이 이슈화될 수도 있는 것이다.
	이는 조세를 기반으로 하고 각종 요금 및 비용 측면으로부터 공공 분야가 전체 경제의 분야에서 차지하는 비중이 20~30% 사이를 넘게 될 경우 물가상승에 따른 부작용이 일어나게 된다는 논리이다.

표 6-3 가정에 대한 기본적인 설정

구 분	내 용
총공급곡선의 상향 이동	정부 부문을 통하여 징수하는 세금의 경우 제한적인 가정으로 20~30%를 초과하게 될 경우 실질소득의 감소와 근로의욕 저하로 인하여 생산성의 하락현상이 발생된다. 이에 따라 총공급곡선은 상향 이동하여 총공급량이 줄어드는 양상을 볼 수 있다.
실물 부문에 대한 국민들의 수요 증가	정부지출이 증가할 경우 물가상승률의 상승으로 실물 부문에 대한 국민들의 수요가 증가하게 된다.

그림 6-4 총공급곡선의 상향 이동 과정

정부 부문을 통하여 징수하는 세금의 경우 제한적인 가정으로
20~30%를 초과하게 될 경우

↓

실질소득의 감소와 근로의욕 저하로 인하여 생산성의 하락현상이 발생

↓

총공급곡선이 상향 이동, 총공급량이 줄어드는 양상

---

1 Clark, A., and Oswald, A.,(1996), "Satisfaction and comparison income", *Journal of Public Economics*, 61(3), pp. 359~381.

그림 6-5 실물 부문에 대한 국민들의 수요 증가의 과정

정부지출이 증가할 경우

↓

물가상승률의 상승

↓

실물 부문에 국민들의 수요가 증가

그림 6-6 클라크(Clark)의 '다소 위험해 보일 수 있는 제한의 가정'의 과정

클라크(Clark)의 '다소 위험해 보일 수 있는 제한의 가정'

↓

공공적인 부문에 있어서 발전

↓

조세, 각종 요금 및 비용 측면:
공공 분야가 전체 경제의 분야에서 차지하는
비중이 20~30%를 넘을 경우 물가상승에 따른 부작용 발생

가정에 대한 기본적인 설정을 통하여 살펴보면, 정부 부문을 통하여 징수하는 세금의 경우 제한적인 가정으로 20~30%를 초과하게 될 경우 실질소득의 감소와 근로의욕 저하로 인하여 생산성의 하락현상이 발생된다. 이에 따라 총공급곡선은 상향 이동하여 총공급량이 줄어드는 양상을 볼 수 있다.

한편 정부지출이 증가할 경우 물가상승률의 상승으로 실물 부문에 대한 국민들의 수요가 증가하게 된다.

한국은행의 경제통계시스템을 통하여 주요 국공채 중 통화안정증권 잔액, 서울 지하철공채 발행액 및 잔액 및 일반정부의 부문별 총수입, 총지출, 저축투자차액 (명목, 연간) 중 중앙정부 산출액 동향을 살펴보았다(〈그림 6-9〉, 〈그림 6-10〉).

통화안정증권 잔액을 살펴보면, 2008년 미국의 서브프라임 모기지 사태에 따른 금융 및 경제안정의 불안가능성에 대한 대비책으로 증가하였음을 알 수 있다. 한편

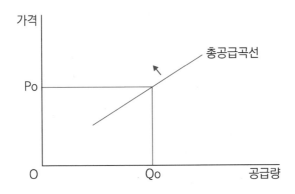

그림 6-7 총공급곡선의 상향이동

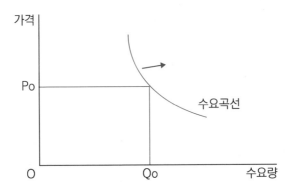

그림 6-8 수요곡선의 상향이동

서울지하철공채 발행액 및 잔액도 해가 거듭할수록 꾸준히 증가하는 추세를 보여 공공재로서의 정부 및 지방정부 부문의 개입과 국민들의 수요도 지속되고 있음을 알 수 있다.

일반정부의 부문별 총수입, 총지출, 저축투자차액(명목, 연간) 중 중앙정부 산출액 동향을 살펴보면, 1970년대보다 1980년대가 증가하였으며, 1990년대보다 2000년 대가 증가한 것을 알 수 있다. 또한 2000년대보다 2010년대가 더 가파르게 증가 추세를 지속하는 것을 알 수 있다. 한편 앞에서 살펴본 바 같이 피칵(Peacock)과 와

그림 6-9 주요 국공채 중 통화안정증권 잔액과 서울지하철공채 발행액의 동향 (단위: 십억원)

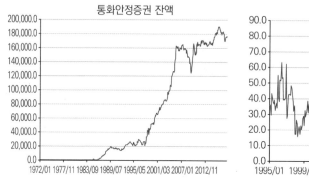

그림 6-10 주요 국공채 중 서울지하철공채 잔액과 일반정부의 부문별 총수입,
총지출, 저축투자차액(명목, 연간) 중 중앙정부 산출액의 동향 (단위: 십억원)

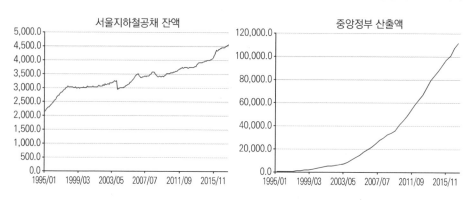

이즈만(Wiseman)의 접근방법에서 농업국가에서 산업화 과정 즉 개발도상국가로의 이전과 그 이후 선진국형으로 진입할수록 공공부문의 수입과 지출(GDP의 %로 구성)이 증가함을 나타내고 있다.

여기서 통화안정증권의 잔액은 1972년 1월부터 2017년 7월까지이며, 서울지하철공채 발행액 및 잔액은 각각 1995년 1월부터 2017년 6월까지의 자료이다. 한편 일반정부의 부문별 총수입, 총지출, 저축투자차액(명목, 연간) 중 중앙정부 산출액은 기간이 1970년부터 2016년까지의 연간 데이터이다.

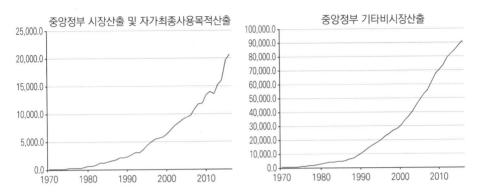

그림 6-11 일반정부의 부문별 총수입, 총지출, 저축투자차액(명목, 연간) 중 중앙정부의 시장산출 및 자가최종사용목적산출과 기타비시장산출의 동향 (단위: 십억원)

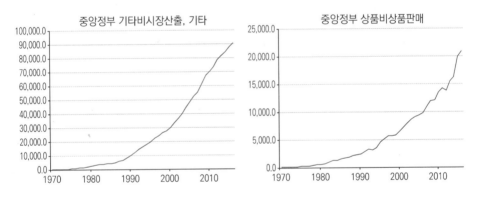

그림 6-12 일반정부의 부문별 총수입, 총지출, 저축투자차액(명목, 연간) 중 중앙정부의 기타비시장산출 중 기타와 상품비상품판매의 동향 (단위: 십억원)

한국은행의 경제통계시스템을 통하여 일반정부의 부문별 총수입, 총지출, 저축투자차액(명목, 연간) 중 중앙정부의 시장산출 및 자가최종사용목적산출, 기타비시장산출, 기타비시장산출 중 기타, 상품비상품판매 동향을 살펴보았다. 여기서 각각의 자료 기간은 1970년부터 2016년까지의 연간 데이터이다(〈그림 6-11〉, 〈그림 6-12〉).

이를 토대로 살펴보면, 중앙정부 산출액 동향과 같이 1970년대보다 1980년대가 증가하였으며, 1990년대보다 2000년대가 증가한 것을 알 수 있다.

정부 부문을 통하여 징수하는 세금의 경우 제한적인 가정으로 20~30%를 초과하게 될 경우 실질소득의 감소와 근로의욕 저하로 인하여 생산성의 하락현상이 발생된다. 이에 따라 총공급곡선은 상향 이동하여 총공급량이 줄어드는 양상을 볼 수 있다. 이는 물가에 대하여 상승요인으로 작용한다. 또한 정부지출이 증가할 경우 물가상승률의 상승으로 실물 부문에 대한 국민들의 수요가 증가하게 된다. 이와 같은 경로를 거치게 될 때, 결국 물가에는 상승압력으로 작용하게 된다.

정부의 비대화 또는 관료주의의 경향에 대하여 유명한 분석을 한 뮬러(Mueller)에 따르면, 정부의 비대화 또는 관료주의의 경향은 정부 섹터의 증가를 의미하고 이는 민간 섹터의 축소를 의미한다. 정부 부문은 조세를 기반으로 하여 형성되므로 정부 부문의 비대화 또는 관료주의의 증대는 결국 민간 또는 사적 부문의 축소를 의미하여, 실질소득의 감소와 소비 감소, 생산 축소, 고용 감소로 이어져 경기 침체의 원인이 될 수도 있다. 이에 대하여 피칵과 와이즈만의 경우에도 지적한 바 있다. 하지만 앞에서도 지적한 것처럼 농업국가에서 근대화, 산업국가로 진입하면서 그리고 개발도상국가에서 선진국형으로 탈바꿈하는 과정에서는 어쩔 수 없이 정부 부문의 증가가 이루어질 수밖에 없다. 즉 농업국가에서 근대화, 산업국가로 진입하면서는 공공재화인 사회간접자본시설(SOC투자 혹은 인프라구축)과 개발도상국가에서 선진국형으로 탈바꿈하는 과정에서는 공공서비스의 확충이 필연적이기 때문이다.

표 6-4 뮬러(Mueller)의 정부 부문에 대한 분석 내용[2]

구 분	내 용
정부의 비대화 또는 관료주의의 경향	정부 섹터의 증가를 의미하고 이는 민간 섹터의 축소를 의미한다.
	정부 부문은 조세를 기반으로 하여 형성되므로 정부 부문의 비대화 또는 관료주의의 증대는 결국 민간 또는 사적 부문의 축소를 의미하여, 실질소득의 감소와 소비 감소, 생산 축소, 고용 감소로 이어져 경기 침체의 원인이 될 수도 있다. 이에 대하여 피칵과 와이즈만의 경우에도 지적한 바 있다.

2 Mueller, D, C.(1976), "Public Choice: A Survey", *Journal of Economic Literature*, 14(2), pp. 395~433.

구 분	내 용
	하지만 앞에서도 지적한 것처럼 농업국가에서 근대화, 산업국가로 진입하면서 그리고 개발도상국가에서 선진국형으로 탈바꿈하는 과정에서는 어쩔 수 없이 정부 부문의 증가가 이루어질 수밖에 없다. 즉 농업국가에서 근대화, 산업국가로 진입하면서는 공공재화인 사회간접자본시설(SOC투자 혹은 인프라구축)과 개발도상국가에서 선진국형으로 탈바꿈하는 과정에서는 공공서비스의 확충이 필연적이기 때문이다.

그림 6-13 뮬러(Mueller)의 정부 부문에 대한 분석과 영향

뮬러(Mueller)의 정부 부문에 대한 분석 내용

↓

정부의 비대화 또는 관료주의의 경향

↓

적정한 수준에서 민간 섹터의 축소 가능

제2절

정부 부문과 민간 부문의 적정 규모

그림 6-14 일반정부의 부문별 총수입, 총지출, 저축투자차액(명목, 연간) 중 중앙정부의 중간소비와 총부가가치의 동향 (단위: 십억원)

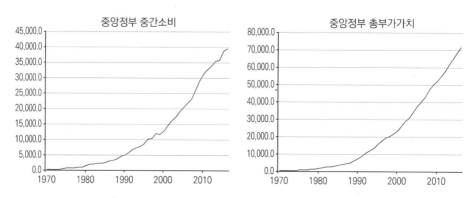

그림 6-15 일반정부의 부문별 총수입, 총지출, 저축투자차액(명목, 연간) 중 중앙정부의 고정자본소모와 순부가가치의 동향 (단위: 십억원)

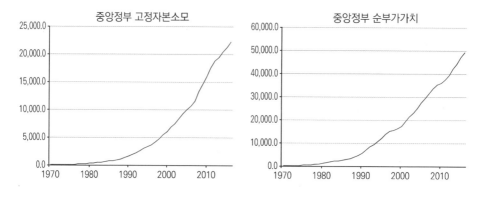

한국은행의 경제통계시스템을 통하여 일반정부의 부문별 총수입, 총지출, 저축투자차액(명목, 연간) 중 중앙정부의 중간소비, 총부가가치, 고정자본소모, 순부가가

치 동향을 살펴보았다. 여기서 각각의 자료 기간은 1970년부터 2016년까지의 연간 데이터이다(〈그림 6-14〉, 〈그림 6-15〉).

이를 토대로 살펴보면, 중앙정부의 총부가가치 동향 등에서도 알 수 있는 바와 같이 농업국가에서 근대화, 산업국가로 진입하면서 공공재화인 사회간접자본시설(SOC투자 혹은 인프라구축)과 개발도상국가에서 선진국형으로 탈바꿈하는 과정에서는 공공서비스의 확충이 크게 증가하고 있음을 알 수 있다. 특히 농업국가에서 근대화, 산업국가로 진입하는 과정에서의 공공재화에 대한 정부의 역할 증대보다는 개발도상국가에서 선진국형으로 탈바꿈하는 과정에서는 공공서비스의 확충이 보다 가파르게 증가하고 있음을 데이터에서 확인할 수 있다.

한편 정부 부문의 증대와 관련된 논문들에 있어서는 다음과 같은 내용들이 포함되어 있다. 정부 부문 증대의 단점으로는 외부인에 대한 활동이 포착되기 어렵다는 점과 관료주의의 성향에 따른 내부의 종사자가 어쩔 수 없이 증가할 수밖에 없다는 점이다. 이에 따라 '정부 부문의 증대는 절대적으로 어느 정도 수준이어야 하는가'의 숙제가 남아 있기는 하다. 즉 민간 부문의 활성화와 정부 부문의 증대는 서로 상충관계(trade-off)의 관계로 보이기는 하지만 서로에게 도움이 되는(win-win) 구조도 불가능한 것만은 아니기 때문이다.

그림 6-16 정부 부문 증대와 민간 부문의 win-win 구조의 필요성 관련 프로세스

정부 부문 증대와 민간 부문의 win-win 구조의 필요성

↓

정부 부문 증대의 단점 존재

↓

민간 부문의 활성화와 정부 부문의 증대는 서로 상충관계(trade-off)의
관계로 보이지만 궁극적으로 서로에게 도움이 되는 win-win 구조 부각 기능

표 6-5 정부 부문 증대와 민간 부문의 win-win 구조의 필요성

구 분	내 용
정부 부문 증대와 민간 부문의 win-win 구조의 필요성	정부 부문 증대의 단점으로는 외부인에 대한 활동이 포착되기 어렵다는 점과 관료주의의 성향에 따른 내부의 종사자가 어쩔 수 없이 증가할 수밖에 없다는 점이다. 이에 따라 '정부 부문의 증대는 절대적으로 어느 정도 수준이어야 하는가'의 숙제가 남아 있기는 하다.
	민간 부문의 활성화와 정부 부문의 증대는 서로 상충관계(trade-off)의 관계로 보이기는 하지만 서로에게 도움이 되는(win-win) 구조도 불가능한 것만은 아니기 때문이다.

　　한국은행의 경제통계시스템을 통하여 일반정부의 부문별 총수입, 총지출, 저축투자차액(명목, 연간) 중 중앙정부의 피용자보수, 기타생산세 및 지급, 순영업잉여, 생산 및 수입세의 수취 동향을 살펴보았다. 여기서 각각의 자료 기간은 1970년부터 2016년까지의 연간 데이터이다(〈그림 6-17〉, 〈그림 6-18〉).

　　이를 토대로 살펴보면, 조금 다른 사례일 수도 있지만 중앙정부의 피용자보수에서와 같이 결국 중앙정부의 증대는 일자리창출로 연결되고 이들에 대한 보수의 지급은 결국 국민들의 소득증대로 이어지면서 민간 부문에 대한 활력 증대에도 기여할 수 있다.

그림 6-17 일반정부의 부문별 총수입, 총지출, 저축투자차액(명목, 연간) 중 중앙정부의 피용자보수와 기타생산세 및 지급의 동향　　(단위: 십억원)

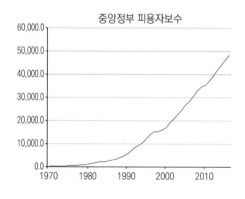
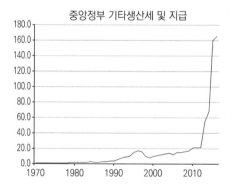

그림 6-18 일반정부의 부문별 총수입, 총지출, 저축투자차액(명목, 연간) 중
중앙정부의 순영업잉여와 생산 및 수입세의 수취 동향   (단위: 십억원)

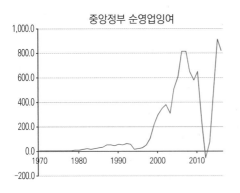

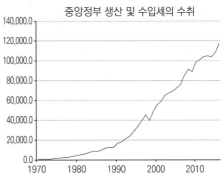

이에 따라 정부 부문의 성장은 예산의 규모 팽창을 가져올 수밖에 없지만 민간
부문의 경제적인 활동에 해(burden)가 되지 않는 범위에서 증가시키면 되는 것이다.
뮬러(Mueller)에 따르면 정부가 지불하는 지출 규모의 증대가 정부 조직의 증가와
함께 지난 세계적으로 관찰된 200여 년 동안 목격된 것과 일치한다고 지적한다. 한
편 농업국가에서 근대화, 산업국가로 진입하면서 그리고 개발도상국에서 선진국형
으로 탈바꿈하는 과정에서는 어쩔 수 없이 정부 부문의 증가가 이루어질 수밖에
없으며, 증가 속도도 농업국가에서 근대화 과정보다 개발도상국에서 선진국형으로
바뀌는 과정에서 정부의 지출확대가 더 가파르게 이루어지고 있다.

표 6-6 뮬러(Mueller) 방식의 정부가 지불하는 지출 규모에 대한 평가

구 분	내 용
뮬러(Mueller) 방식의 정부가 지불하는 지출 규모에 대한 평가	정부 부문의 성장은 예산의 규모 팽창을 가져올 수밖에 없지만 민간 부문의 경제적인 활동에 해(burden)가 되지 않는 범위에서 증가시키면 되는 것이다.
	뮬러(Mueller)에 따르면 정부가 지불하는 지출 규모의 증대가 정부 조직의 증가와 함께 지난 세계적으로 관찰된 200여 년 동안 목격된 것과 일치한다고 지적한다.

그림 6-19 뮬러(Mueller) 방식의 정부가 지불하는 지출 규모와 정부 조직의 증대 과정

뮬러(Mueller) 방식의 정부가 지불하는 지출 규모에 대한 평가

↓

정부 부문의 성장은 예산의 규모 팽창을 가져올 수밖에 없지만
민간 부문의 경제적인 활동에 해(burden)가 되지 않는 범위에서 증가 유도

↓

정부가 지불하는 지출 규모의 증대가 정부 조직의 증가와 함께
필연적이며 역사적으로 형성

그림 6-20 일반정부의 부문별 총수입, 총지출, 저축투자차액(명목, 연간) 중
중앙정부의 재산소득의 수취와 보조금의 지급 관련 동향 　(단위: 십억원)

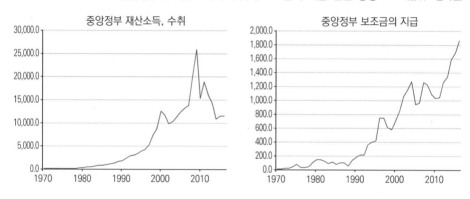

그림 6-21 일반정부의 부문별 총수입, 총지출, 저축투자차액(명목, 연간) 중
중앙정부의 재산소득의 지급과 이자 관련 동향 　(단위: 십억원)

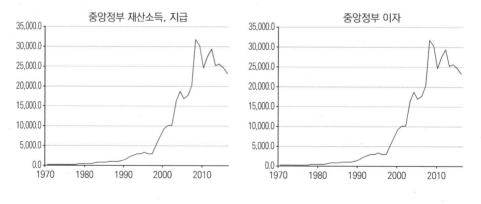

한국은행의 경제통계시스템을 통하여 일반정부의 부문별 총수입, 총지출, 저축투자차액(명목, 연간) 중 중앙정부의 재산소득의 수취, 보조금의 지급, 재산소득의 지급, 이자 관련 동향을 살펴보았다. 여기서 각각의 자료 기간은 1970년부터 2016년까지의 연간 데이터이다(〈그림 6-20〉, 〈그림 6-21〉).

이를 토대로 살펴보면, 중앙정부 보조금의 지급(예를 들어, 중앙정부의 지방정부에 대한 재정의 지원 사업도 있음)에서도 알 수 있는 바와 같이 농업국가에서 근대화, 산업국가로 진입하면서 그리고 개발도상국가에서 선진국형으로 탈바꿈하는 과정에서는 어쩔 수 없이 정부 부문의 증가가 이루어질 수밖에 없으며, 증가 속도도 농업국가에서 근대화 과정(사회간접자본 시설 확충과 같은 공공재화 공급)보다 개발도상국에서 선진국형으로 바뀌는 과정(저출산 고령화와 같은 복지 분야에 대한 공공서비스의 대폭 확대)에서 정부의 지출확대가 더 가파르게 이루어지고 있다.

정부 조직의 확대는 앞에서도 지적한 바와 같이 어쩔 수 없이 정부 사회의 관료주의가 확대됨을 의미하고 있는데, 이는 입법부의 기능보다 행정부의 권한 또는 기

표 6-7 정부 조직의 확대

구 분	내 용
정부 조직의 확대	정부 사회의 관료주의가 확대됨을 의미하고 있는데, 이는 입법부의 기능보다 행정부의 권한 또는 기능의 증대로 이어질 수 있다.
	이는 대통령제 중심 하에서는 신속한 재정 집행과 권한으로 어느 나라에서도 의원내각제의 정치제도의 체계에서보다 강화될 수도 있다.

그림 6-22 정부 조직의 확대 프로세스

정부 조직의 확대

↓

정부 사회의 관료주의 확대

↓

입법부의 기능보다 행정부의 권한 또는 기능의 증대

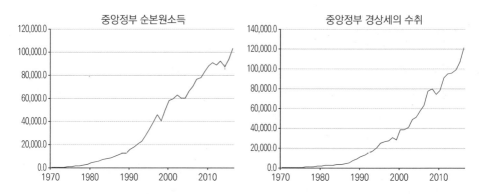

그림 6-23 일반정부의 부문별 총수입, 총지출, 저축투자차액(명목, 연간) 중
중앙정부의 순본원소득과 경상세의 수취 관련 동향　　(단위: 십억원)

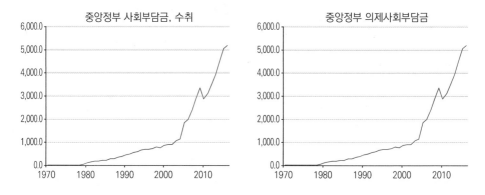

그림 6-24 일반정부의 부문별 총수입, 총지출, 저축투자차액(명목, 연간) 중
중앙정부의 사회부담금의 수취와 의제사회부담금 관련 동향　(단위: 십억원)

능의 증대로 이어질 수 있다. 이는 대통령제 중심 하에서는 신속한 재정 집행과 권
한으로 어느 나라에서도 의원내각제의 정치제도의 체계에서보다 강화될 수도 있다.

　한국은행의 경제통계시스템을 통하여 일반정부의 부문별 총수입, 총지출, 저축
투자차액(명목, 연간) 중 중앙정부의 순본원소득, 경상세의 수취, 사회부담금의 수취,
의제사회부담금 관련 동향을 살펴보았다(〈그림 6-23〉, 〈그림 6-24〉). 여기서 각각의
자료 기간은 1970년부터 2016년까지의 연간 데이터이다.

이를 토대로 살펴보면, 농업국가에서 근대화, 산업국가로 진입하면서 그리고 개발도상국가에서 선진국형으로 탈바꿈하는 과정에서 경제성장과 함께 중앙정부의 경상세의 수취와 사회부담금의 수취 등이 늘어나 중앙정부의 역할 증대가 필연적으로 이루어져 왔음을 알 수 있다. 특히 이러한 경향은 농업국가에서 근대화, 산업국가로 진입하면서 그리고 개발도상국가에서 선진국형으로 진입하는 과정에서 더욱 가파르게 진행되어오고 있음을 자료를 통하여 살펴볼 수 있다.

한편 정부 부문과 민간 부문의 적정 규모에 대하여 경제적인 논리 이외에 정치적인 논리가 더 중요한 하나의 측면일 수 있다. 이는 곧 공공 선택의 문제와 직결되고 있다. 이와 같은 공공 선택의 문제는 선거에 있어서의 권리와 연결되며 참정권이 지속적으로 증대되고 있다. 재정학의 범주에서 참정권은 소득의 재분배와 직결되는 매우 중요한 선거의 문제이고 공공 선택의 문제이기도 하다.

이러한 공공 선택의 논리에 대하여 가장 활발한 연구 활동을 한 두 명이 멜처(Meltzer) 그리고 리쳐드(Richard)이다. 이들은 과거 200년의 기간에 걸쳐 정부 부문의 확대에 가장 기여한 것이 국민들의 참여 확대, 즉 선거에 관한 권리의 증가와 관련된 것이라고 주장하고 있다. 이들은 과거 200년의 기간에 걸쳐 투표에 관한 권리가 확대된 층이 고소득층보다는 중간이하의 소득계층이라고 경제적으로 설명하고 있으며, 선거에 관한 권리가 확대된 소득계층은 생산적인 부분에서도 효율성이 떨어지는 계층의 사람들이라고 보고 있다. 이에 따라 이와 같은 중간이하의 소득계층의 선거에 관한 권리의 확대는 정부의 소득정책에 대하여 고소득층에 대한 상대적인 중과세와 저소득층에 대한 저율의 과세를 주장하는 것이 이전보다 증대되게 된 배경이다.

표 6-8 멜처(Meltzer)와 리쳐드(Richard)의 공공 선택[3]

구 분	내 용
멜처(Meltzer)와 리쳐드(Richard)의 공공 선택	공공 선택의 문제는 선거에 있어서의 권리와 연결되며 이러한 흐름 속에서 참정권이 지속적으로 증대되고 있다. 재정학의 범주에서 참정권은 소득의 재분배와 직결되는 매우 중요한 선거의 문제이고 공공 선택의 문제이기도 하다.
	과거 200년의 기간에 걸쳐 정부 부문의 확대에 가장 기여한 것이 국민들의 참여 확대, 즉 선거에 관한 권리의 증가와 관련된 것이라고 주장하고 있다. 이들은 과거 200년의 기간에 걸쳐 투표에 관한 권리가 확대된 층이 고소득층보다는 중간이하의 소득계층이라고 경제적으로 설명하고 있으며, 선거에 관한 권리가 확대된 소득계층의 사람들은 생산적인 부분에서도 효율성이 떨어지는 계층의 사람들이라고 보고 있다. 이에 따라 이와 같은 중간이하의 소득계층의 사람의 선거에 관한 권리의 확대는 정부의 소득정책에 대하여 고소득층에 대한 상대적인 중과세와 저소득층에 대한 저율의 과세를 주장하는 것이 이전보다 증대되게 된 배경이다.

그림 6-25 멜처(Meltzer)와 리쳐드(Richard)의 공공 선택에 따른 귀결

멜처(Meltzer)와 리쳐드(Richard)의 공공 선택

↓

선거에 있어서의 권리와 연결되며 이러한 흐름 속에서 참정권이 지속적으로 증대

↓

중간 이하의 소득계층의 선거에 관한 권리의 확대:
정부의 소득정책에 대하여 고소득층에 대한 상대적인 중과세와
저소득층에 대한 저율의 과세를 주장하는 것이 이전보다 증대되게 된 배경

---

3 Meltzer, A. H. and Richard, S. F.(1981), "A Rational Theory of the Size of Government", *The Journal of Political Economy*, 89(5), pp. 914~927.

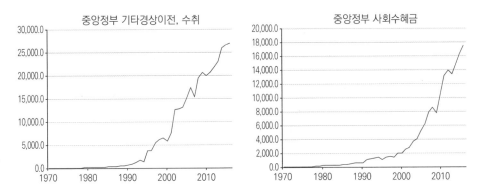

그림 6-26 일반정부의 부문별 총수입, 총지출, 저축투자차액(명목, 연간) 중 중앙정부의 기타경상이전의 수취와 사회수혜금 관련 동향 (단위: 십억원)

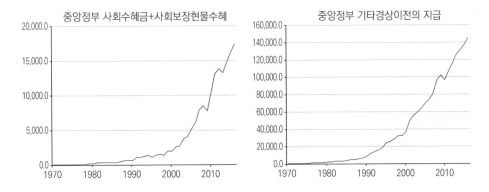

그림 6-27 일반정부의 부문별 총수입, 총지출, 저축투자차액(명목, 연간) 중 중앙정부의 사회수혜금과 사회보장현물수혜 및 기타경상이전의 지급 관련 동향 (단위: 십억원)

　　한국은행의 경제통계시스템을 통하여 일반정부의 부문별 총수입, 총지출, 저축투자차액(명목, 연간) 중 중앙정부의 기타경상이전의 수취, 사회수혜금, 사회수혜금과 사회보장현물수혜, 기타경상이전의 지급 관련 동향을 살펴보았다. 여기서 각각의 자료 기간은 1970년부터 2016년까지의 연간 데이터이다〈그림 6-26〉, 〈그림 6-27〉).

　　이를 토대로 살펴보면, 정부 부문의 확대에 가장 기여한 것이 국민들의 참여 확대, 즉 선거에 관한 권리의 증가와 관련된 것인데, 과거 200년의 기간에 걸쳐 투표에 관한 권리가 확대된 층이 고소득층보다는 중간이하의 소득 계층이므로 이들에 대한 정책적인 측면에 있어서 정부의 기능 및 역할 증대가 이루어진 것이다.

멜처(Meltzer)와 리쳐드(Richard)에 따르면, 우선 공공 부문의 확대에 대한 주요한 동기로는 소득의 재분배의 필요성이 있다. 그 이유로는 고소득층에게 부가 집중되는 현상으로 야기된 것이다. 그리고 중간이하의 소득 계층의 확대와 동시에 이들의 선거 참여의 증가가 또다른 경제적인 이슈로서 등장하고 있다는 것이다.

이와 유사한 연구로 유명한 펠츠만(Peltzman)에 따르면, 소득에 대한 불균등한 현상으로 인하여 정부 부문이 확대되었음을 유사한 연구를 통하여 실증적으로 나타내고 있다.

표 6-9 멜처(Meltzer)와 리쳐드(Richard), 펠츠만(Peltzman)[4]의 정부 부문의 규모에 대한 연구

구 분	내 용
멜처(Meltzer)와 리쳐드(Richard)	우선 공공 부문의 확대에 대한 주요한 동기로는 소득의 재분배의 필요성이 있다. 그 이유로는 고소득층에게 부가 집중되는 현상으로 야기된 것이다. 그리고 중간이하의 소득 계층의 확대와 동시에 이들의 선거 참여의 증가가 또다른 경제적인 이슈로서 등장하고 있다는 것이다.
펠츠만 (Peltzman)	소득에 대한 불균등한 현상으로 인하여 정부 부문이 확대되었음을 유사한 연구를 통하여 실증적으로 나타내고 있다.

그림 6-28 멜처(Meltzer)와 리쳐드(Richard)의 공공 부문 규모에 대한 확대 연구 결과

멜처(Meltzer)와 리쳐드(Richard)

↓

소득의 재분배의 필요성

↓

공공 부문의 확대

---

4 Peltzman, S.(1984), "Constituent Interest and Congressional Voting," *Journal of Law and Economics*, 27(1), pp. 181~210.

그림 6-29 펠츠만(Peltzman)의 정부 부문 규모에 대한 확대 연구 결과

펠츠만(Peltzman)

↓

소득에 대한 불균등한 현상

↓

정부 부문 확대

연습문제

✎ 연습문제 6-1

집중적인 정책 집행의 효과에 대하여 설명하시오.

> **정답** 경제 활동에 따라 사회가 발전함에 따라 경제 성장을 토대로 하여 전체적인 공공
> 부문의 성장은 경제 활동의 성장 비율과 같이 성장하는 경향이 있게 된다.
> 농업 국가에서 산업화를 겪으면서 비약적으로 재화의 생산이 늘어나게 되고 이에
> 따라 사회적인 전체 부문에 있어서 인간 소외 문제와 같은 것들이 발생하게 되며,
> 국민들을 연결하는 사회 인프라 구축과 같이 사회적인 시설도 늘어나게 된다. 그리고
> 최근에 들어 저출산 고령화 문제가 본격적으로 대두되면서 선진국형의 경제 체제에
> 서 이에 적합한 사회의 양태를 살펴보면, 보육시설의 확충과 병원 서비스의 선진화
> 등이 대두되고 있는 것이다.

✎ 연습문제 6-2

정부 부문 증대와 민간 부문의 win-win 구조의 필요성에 대하여 설명하시오.

> **정답** 정부 부문 증대의 단점으로는 외부인에 대한 활동이 포착되기 어렵다는 점과 관료
> 주의의 성향에 따른 내부의 종사자가 어쩔 수 없이 증가할 수밖에 없다는 점이다.
> 이에 따라 '정부 부문의 증대는 절대적으로 어느 정도 수준이어야 하는가'의 숙제가
> 남아 있기는 하다.
> 민간 부문의 활성화와 정부 부문의 증대는 서로 상충관계(trade-off)의 관계로 보이기
> 는 하지만 서로에게 도움이 되는(win-win) 구조도 불가능한 것만은 아니기 때문이다.

✎ 연습문제 6-3

뮬러(Mueller) 방식의 정부가 지불하는 지출 규모에 대한 평가에 대하여 설명하시오.

정답 정부 부문의 성장은 예산의 규모 팽창을 가져올 수밖에 없지만 민간 부문의 경제적인 활동에 해(burden)가 되지 않는 범위에서 증가시키면 되는 것이다.

뮬러(Mueller)에 따르면 정부가 지불하는 지출 규모의 증대가 정부 조직의 증가와 함께 지난 세계적으로 관찰된 200여 년 동안 목격된 것과 일치한다고 지적한다.

✎ 연습문제 6-4

정부 조직의 확대를 행정부의 기능과 관련하여 설명하시오.

정답 정부 사회의 관료주의가 확대됨을 의미하고 있는데, 이는 입법부의 기능보다 행정부의 권한 또는 기능의 증대로 이어질 수 있다.

이는 대통령제 중심 하에서는 신속한 재정 집행과 권한으로 어느 나라에서도 의원 내각제의 정치제도의 체계에서보다 강화될 수도 있다.

✎ 연습문제 6-5

멜처(Meltzer)와 리쳐드(Richard)의 공공 선택에 대하여 설명하시오.

정답 공공 선택의 문제는 선거에 있어서의 권리와 연결되며 이러한 흐름 속에서 참정권이 지속적으로 증대되고 있다. 재정학의 범주에서 참정권은 소득의 재분배와 직결되는 매우 중요한 선거의 문제이고 공공 선택의 문제이기도 하다.

과거 200년의 기간에 걸쳐 정부 부문의 확대에 가장 기여한 것이 국민들의 참여 확대 즉 선거에 관한 권리의 증가와 관련된 것이라고 주장하고 있다. 이들은 과거 200년의 기간에 걸쳐 투표에 관한 권리가 확대된 층이 고소득층보다는 중간이하의 소득계층이라고 경제적으로 설명하고 있으며, 선거에 관한 권리가 확대된 소득계층의 사람들은 생산적인 부분에서도 효율성이 떨어지는 계층의 사람들이라고 보고 있다. 이에 따라 이와 같은 중간이하의 소득계층의 선거에 관한 권리의 확대가 정부의 소득정책에 대하여 고소득층에 대한 상대적인 중과세와 저소득층에 대한 저율의 과세를 주장이 이전보다 증대되게 된 배경이다.

PART

4

공공선택 및 조세 체계

chapter 07
공공선택 및 조세 체계

제1절

공공선택 및 정치적 과정

한국은행의 경제통계시스템을 통하여 일반정부의 부문별 총수입, 총지출, 저축투자차액(명목, 연간) 중 중앙정부의 순처분가능소득, 최종소비지출, 개별소비지출, 집합소비지출 관련 동향을 살펴보았다. 여기서 각각의 자료 기간은 1970년부터 2016년까지의 연간 데이터이다(〈그림 7-1〉, 〈그림 7-2〉). 이를 토대로 살펴보면, 최근에 가까워질수록 중앙정부의 순처분가능소득, 최종소비지출, 개별소비지출, 집합

그림 7-1 일반정부의 부문별 총수입, 총지출, 저축투자차액(명목, 연간) 중 중앙정부의 순처분가능소득과 최종소비지출 관련 동향 (단위: 십억원)

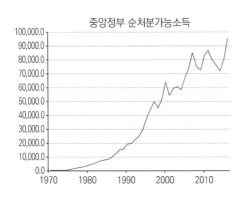
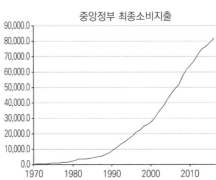

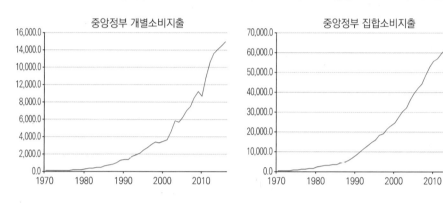

그림 7-2 일반정부의 부문별 총수입, 총지출, 저축투자차액(명목, 연간) 중
중앙정부의 개별소비지출과 집합소비지출 관련 동향　　　(단위: 십억원)

소비지출의 증가세가 두드러진 것을 알 수 있다. 이와 같은 한국은행의 데이터에서 봤을 때, 중앙정부의 소비지출이 중간이하의 소득계층에 대한 재분배의 성격으로 집행될 때 정부에 대한 지지도가 상승할 수 있음을 유추해 볼 수 있다.

　이와 관련하여 펠츠만(Peltzman)의 연구를 살펴보면, 중간이하의 소득자들에 대한 소득분배와 관련된 공약을 통하여 선거에서 유리한 국면이 형성될 수 있음을 지적하고 있다. 즉 당연히 그는 선거 후보자가 유권자 층이 더 많은 잠재적인 지지자들과의 경제관에서 유사점이 많을수록 선거에서 더욱 유리성을 가짐을 시사하고 있는 것이다.

표 7-1 펠츠만(Peltzman)의 중간이하의 소득자들에 대한 소득분배와 선거에 대한 연구

구 분	내 용
펠츠만(Peltzman)의 중간이하의 소득자들에 대한 소득분배와 선거에 대한 연구	중간이하의 소득자들에 대한 소득분배와 관련된 공약을 통하여 선거에서 유리한 국면이 형성될 수 있음을 지적하고 있다.
	즉 당연히 그는 선거 후보자가 유권자 층이 더 많은 잠재적인 지지자들과의 경제관에서 유사점이 많을수록 선거에서 더욱 유리성을 가짐을 시사하고 있는 것이다.

그림 7-3 펠츠만(Peltzman)의 중간이하의 소득자들에 대한 소득분배와 선거관련 연구의 진행 과정

펠츠만(Peltzman)의 중간 이하의 소득자들에 대한 소득분배와 선거에 대한 연구

↓

중간 이하의 소득자들에 대한 소득분배와 관련된 공약을 통하여 선거에서
유리한 국면이 형성

↓

유권자 층이 많은 잠재적인 지지자들과의 경제관에서 유사점이 많을수록 선거에서 유리

펠츠만(Peltzman)은 이에 따라 선거에서 절대 다수를 차지하는 소득 계층이 중간
이하의 계층이므로 이들에 대하여 고소득계층보다 큰 소득분배가 이루어져야 함을
지적하고 있다. 그리고 이들과 이들의 자녀에 대한 교육 기회를 확대하여야 공정성
의 증대효과를 가져올 수 있으며, 이러한 과정에서 중앙정부에 있어서의 크기가 증

표 7-2 펠츠만(Peltzman)의 공정성의 증대효과

구 분	내 용
펠츠만 (Peltzman)의 공정성의 증대효과	선거에서 절대 다수를 차지하는 소득 계층이 중간이하의 계층이므로 이들에 대하여 고소득계층보다 큰 소득분배가 이루어져야 함을 지적하고 있다.
	이들과 이들의 자녀에 대한 교육 기회를 확대하여야 공정성의 증대효과를 가져올 수 있으며, 이러한 과정에서 중앙정부에 있어서의 크기가 증대하는 경향이 있음을 나타내고 있다.

그림 7-4 펠츠만(Peltzman)의 공정성의 증대효과 프로세스

펠츠만(Peltzman)의 공정성의 증대효과

↓

선거에서 절대 다수를 차지하는 소득계층이 중간 이하의 계층이므로
이들에 대하여 고소득계층보다 큰 소득분배가 이루어져야 함

↓

이들과 이들의 자녀에 대한 교육 기회를 확대하여야
공정성의 증대효과를 가져옴(중앙정부 크기 증대 초래)

대하는 경향이 있음을 나타내고 있다.

한국은행의 경제통계시스템을 통하여 일반정부의 부문별 총수입, 총지출, 저축
투자차액(명목, 연간) 중 중앙정부의 총저축, 순저축, 자본이전의 수취, 자본세 관련
동향을 살펴보았다. 여기서 각각의 자료 기간은 1970년부터 2016년까지의 연간 데
이터이다(〈그림 7−5〉, 〈그림 7−6〉).

〈그림 7−5〉의 중앙정부의 총저축과 순저축 등에서 알 수 있는 바와 같이 중간
이하의 계층에 대한 지출 증대로 중앙정부의 저축 여력이 감소 내지 정체 현상이

그림 7-5 일반정부의 부문별 총수입, 총지출, 저축투자차액(명목, 연간) 중
중앙정부의 총저축과 순저축 관련 동향 (단위: 십억원)

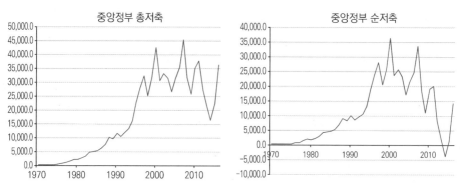

그림 7-6 일반정부의 부문별 총수입, 총지출, 저축투자차액(명목, 연간) 중
중앙정부의 자본이전의 수취와 자본세 관련 동향 (단위: 십억원)

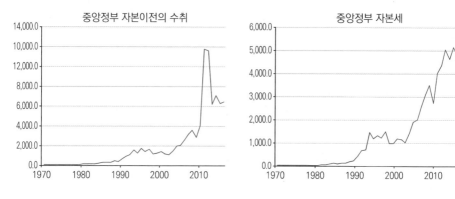

발생하고 있음을 유추해 볼 수 있다.

소득 재분배의 경우 뮬러(Mueller)에 따르면, 정부의 소득 분배에 대한 공정성 향상이 정부 부문의 크기 증가로 반영되고, 이는 다시 정부 부문에 대한 예산에 있어서의 크기가 증가하는 현상이 발생되고 있음을 지적하고 있다. 하지만 그는 소득 재분배가 정부 부문의 규모에 있어서 증가를 일으키는 유일한 변수임을 나타내기에는 부적당한 측면이 있음을 주장하였다.

표 7-3 뮬러(Mueller)의 정부관

구 분	내 용
뮬러(Mueller)의 정부관	정부의 소득 분배에 대한 공정성 향상이 정부 부문의 크기 증가로 반영되고, 이는 다시 정부 부문에 대한 예산에 있어서의 크기가 증가하는 현상이 발생되고 있음을 지적하고 있다.
	하지만 그는 소득 재분배가 정부 부문의 규모에 있어서 증가를 일으키는 유일한 변수임을 나타내기에는 부적당한 측면이 있음을 주장하였다.

그림 7-7 뮬러(Mueller)의 정부 부문의 규모에 대한 견해

뮬러(Mueller)의 정부관
↓
정부의 소득 분배에 대한 공정성 향상이
정부 부문의 크기 증가로 반영
↓
이는 다시 정부 부문에 대한 예산에 있어서의
크기가 증가하는 현상

한국은행의 경제통계시스템을 통하여 일반정부의 부문별 총수입, 총지출, 저축투자차액(명목, 연간) 중 중앙정부의 기타자본이전의 수취, 자본이전의 지급, 총자본형성, 총고정자본형성 관련 동향을 살펴보았다. 여기서 각각의 자료 기간은 1970년부터 2016년까지의 연간 데이터이다(〈그림 7-8〉, 〈그림 7-9〉).

이를 토대로 살펴보면, 정부 규모의 증가와 관련성이 있는 총자본형성과 총고정자본형성 등이 증가세를 보이고 있음을 알 수 있다.

그림 7-8 일반정부의 부문별 총수입, 총지출, 저축투자차액(명목, 연간) 중
중앙정부의 기타자본이전의 수취와 자본이전의 지급 관련 동향 (단위: 십억원)

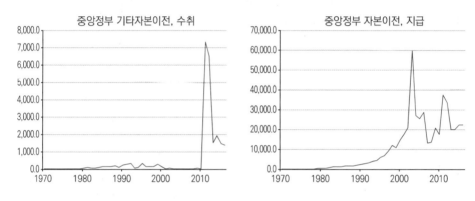

그림 7-9 일반정부의 부문별 총수입, 총지출, 저축투자차액(명목, 연간) 중
중앙정부의 총자본형성과 총고정자본형성 관련 동향 (단위: 십억원)

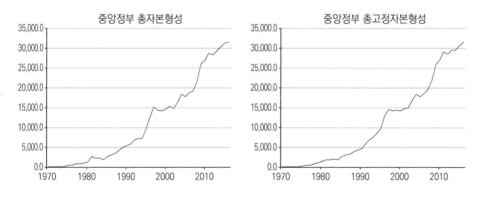

뮬러(Mueller)와 머렐(Murrell)은 이익집단에 의하여 정부 부문의 크기가 결정된다는 것을 실증적으로 나타냈다. 이익집단이 정부에 대하여 지지를 하고 정부는 이들에 대하여 혜택을 제공할 수 있는 정치적인 프로세스가 있을 수 있음을 실증적으

로 보여준 것이다.

하지만 현실에서는 정부는 특정 이익집단에 대하여 혜택을 부여하면 다른 이익집단에는 차별적인(differential) 불만 요인이 될 수 있기 때문에 그렇게 되지는 않을 수도 있다.

표 7-4 뮬러(Mueller)와 머렐(Murrell)의 이익집단과 정부 부문의 견해[1]

구 분	내 용
뮬러(Mueller)와 머렐(Murrell)의 이익집단과 정부 부문의 견해	이익집단에 의하여 정부 부문의 크기가 결정된다는 것을 실증적으로 나타냈다. 이익집단이 정부에 대하여 지지를 하고 정부는 이들에 대하여 혜택을 제공할 수 있는 정치적인 프로세스가 있을 수 있음을 실증적으로 보여준 것이다. 하지만 현실에서는 정부는 특정 이익집단에 대하여 혜택을 부여하면 다른 이익집단에는 차별적인(differential) 불만 요인이 될 수 있기 때문에 그렇게 되지는 않을 수도 있다.

그림 7-10 뮬러(Mueller)와 머렐(Murrell)의 이익집단과 정부 부문의 정치적인 프로세스에 대한 견해

뮬러(Mueller)와 머렐(Murrell)의 이익집단과 정부 부문의 견해

↓

이익집단에 의하여 정부 부문의 크기가 결정된다는 실증적 분석 진행

↓

이익집단이 정부에 대하여 지지를 하고 정부는 이들에 대한 혜택을 제공할 수 있다고 주장함
하지만 현실에서는 정부는 특정 이익집단에 대하여 혜택을 부여하면
다른 이익집단에는 차별적인(differential) 불만 요인 발생하여 적실성이 없음

---

1 Mueller, D. C., and Murrell, P.(1983), "Interest groups and the size of government", IIM Working Paper 1983−1, *International Institute of Management*, Berlin, pp. 125~145.

그림 7-11 일반정부의 부문별 총수입, 총지출, 저축투자차액(명목, 연간) 중 중앙정부의
재고증감 및 귀중품 순취득과 비생산비금융자산순취득 관련 동향   (단위: 십억원)

그림 7-12 일반정부의 부문별 총수입, 총지출, 저축투자차액(명목, 연간) 중 중앙정부의
총자본형성+비생산비금융자산순취득과 저축투자차액 관련 동향   (단위: 십억원)

　한국은행의 경제통계시스템을 통하여 일반정부의 부문별 총수입, 총지출, 저축
투자차액(명목, 연간) 중 중앙정부의 재고증감 및 귀중품 순취득, 비생산비금융자산
순취득, 총자본형성+비생산비금융자산순취득, 저축투자차액 관련 동향을 살펴보
았다. 여기서 각각의 자료 기간은 1970년부터 2016년까지의 연간 데이터이다. 이
데이터들은 중앙정부의 지출과 관련된 것으로 저축대비 정부지출 내지 정부 투자
가 최근 들어 증가하고 있음을 나타내고 있다(〈그림 7-11〉, 〈그림 7-12〉).

만일 정부가 특정한 이익 집단에 대한 혜택을 주게 되면, 다른 이익 집단에도 똑같은 혜택을 주어야 하기 때문에 정부 부문의 증대가 불가피하게 될 수도 있다. OECD에 해당하는 국가들에 대하여 미시 계량경제적인 분석을 하였을 때, 이론적으로는 대체로 이익 집단과 관련된 수가 증가할 때 정부의 규모가 커질 수 있음을 실증적으로는 나타난 바 있다.

표 7-5 정부와 이익집단과의 관계(가정) 분석

구 분	내 용
정부와 이익집단과의 관계(가정) 분석	정부가 특정한 이익 집단에 대한 혜택을 주게 되면, 다른 이익 집단에도 똑같은 혜택을 주어야 하기 때문에 정부 부문의 증대가 불가피하게 될 수도 있다.
	OECD에 해당하는 국가들에 대하여 미시 계량경제적인 분석을 하였을 때, 이론적으로는 대체로 이익 집단과 관련된 수가 증가할 때 정부의 규모가 커질 수 있음을 실증적으로는 나타난 바 있다.

그림 7-13 정부와 이익집단과의 관계(가정)의 과정

정부와 이익집단과의 관계 분석

↓

정부가 특정한 이익 집단에 대한 혜택을 주게 되면, 다른 이익 집단에도
똑같은 혜택을 주어야 하기 때문에 정부 부문의 증대 가능

↓

OECD에 해당하는 국가들에 대하여 미시 계량경제적인 분석을 하였을 때,
이론적으로는 대체로 이익 집단과 관련된 수가 증가할 때 정부의 규모가 커질 수 있음

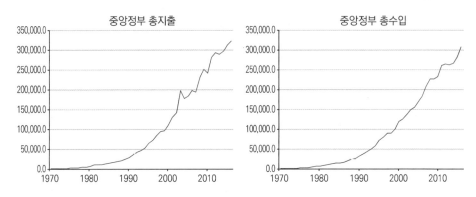

그림 7-14 일반정부의 부문별 총수입, 총지출, 저축투자차액(명목, 연간) 중
중앙정부의 총지출과 총수입 관련 동향   (단위: 십억원)

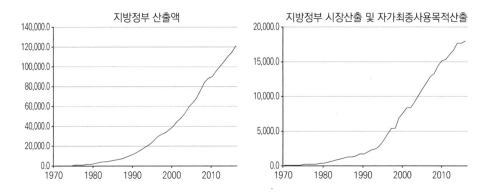

그림 7-15 일반정부의 부문별 총수입, 총지출, 저축투자차액(명목, 연간) 중 지방정부의
산출액과 시장산출 및 자가최종사용목적산출 관련 동향   (단위: 십억원)

    한국은행의 경제통계시스템을 통하여 일반정부의 부문별 총수입, 총지출, 저축투
자차액(명목, 연간) 중 중앙정부의 총지출과 총수입, 지방정부의 산출액, 시장산출 및
자가최종사용목적산출 관련 동향을 살펴보았다. 여기서 각각의 자료 기간은 1970년
부터 2016년까지의 연간 데이터이다(〈그림 7-14〉, 〈그림 7-15〉).
    이 데이터들은 국가가 농업국가에서 근대화 및 산업화의 경험을 거치면서 공공
재(교량, 항만, 도로 등)에 대한 수요의 증가로 인하여 증대된 후, 최근 들어 개발도상

국가에서 선진국형으로 진입하여 경제 규모의 증가와 함께 각종 공공서비스에 대한 수요가 늘어나면서 중앙정부 및 지방정부 모두 급증하는 것을 방증하고 있다.

제2절

조세 체계

조세는 정부를 통해 납부되고 납부한 사람에게 그대로 세금의 편익(benefit)이 되돌아가지 않는다는 성격을 가지고 있다. 1996년 OECD도 조세에 대한 정의(definition)에서 정부를 통해 납부하는 세금이 그대로 그 세금을 납부한 사람에게 지불되지는 않는다고 결론을 내리고 있다.

여기서 일반적으로 정부는 운영을 하고 있는 주체인 중앙에 있는 정부의 형태뿐만 아니라, 공공적인 성격의 기관과 지방 정부 형태 그리고 자치적인 성격을 지닌 정부의 기관 등으로 구성된다고 볼 수 있다.

제임스(James)와 노베스(Nobes)의 1997년도 자료에 따르면, 조세는 '정부를 통하여 강제로 일방적으로 징수하는 것이다'라고 정의하고 있다. 징수된 조세를 통하여 정부는 공공재와 공공서비스를 국민들에게 제공하고 있다.

표 7-6 조세 체계

구 분	내 용
조세의 성격	정부를 통해 납부되고 납부한 사람에게 그대로 세금의 편익(benefit)이 되돌아가지 않는다는 특성을 가지고 있다.
	1996년 OECD도 조세에 대한 정의(definition)에서 정부를 통해 납부하는 세금이 그대로 그 세금을 납부한 사람에게 지불되지는 않는다고 결론을 내리고 있다.

그림 7-16 제임스(James)와 노베스(Nobes)의 조세 체계와 정부 역할 과정

제임스(James)와 노베스(Nobes)의 1997년도 자료에 따른 조세 정의

↓

정부를 통하여 강제로 일방적으로 징수하는 것

↓

정부는 공공재와 공공서비스를 국민들에게 제공

한국은행의 경제통계시스템을 통하여 일반정부의 부문별 총수입, 총지출, 저축투자차액(명목, 연간) 중 지방정부의 기타비시장산출, 상품비상품판매, 중간소비, 총부가가치 관련 동향을 살펴보았다. 여기서 각각의 자료 기간은 1970년부터 2016년까지의 연간 데이터이다(〈그림 7-17〉, 〈그림 7-18〉).

이들 데이터에서 지방정부의 조세를 기반으로 하는 경제적인 행위가 나타나 있으며, 공공서비스의 확대로 인하여 최근 들어 급격한 증가 추세를 보이고 있다.

조세에 대하여 OECD기준의 분류 체계를 살펴보면, 첫째로는 과세의 대상에 따른 분류가 있고, 둘째로는 국제적인 비교 통계에 따른 분류 등을 가지고 있다. 한편 명목의 과세체계에 따른 기준 분류의 체계는 세금의 징수주체에 의한 분류방법

그림 7-17 일반정부의 부문별 총수입, 총지출, 저축투자차액(명목, 연간) 중
지방정부의 기타비시장산출과 상품비상품판매 관련 동향　　(단위: 십억원)

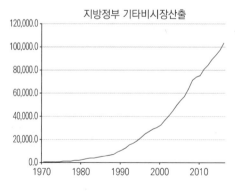

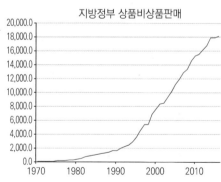

그림 7-18 일반정부의 부문별 총수입, 총지출, 저축투자차액(명목, 연간) 중 지방정부의 중간소비와 총부가가치 관련 동향

(단위: 십억원)

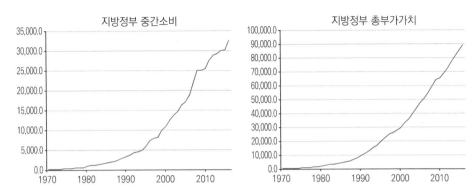

지방정부 중간소비 / 지방정부 총부가가치

으로서 크게 직접세와 간접세가 있다. 직접적인 징수에 따른 세제의 특징으로는 개인에게 직접적인 징수한다는 것이고 간접적인 조세체계는 그와 달리 개인에게서 직접적으로 징수하지 않는다는 것이다.

표 7-7 조세에 대한 OECD기준의 분류 체계

구 분	내 용
조세에 대한 OECD기준의 분류 체계	과세의 대상으로 인한 분류
	국제적인 비교 통계에 따른 분류

그림 7-19 조세에 대한 OECD기준의 분류 체계의 흐름도

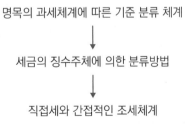

명목의 과세체계에 따른 기준 분류 체계

↓

세금의 징수주체에 의한 분류방법

↓

직접세와 간접적인 조세체계

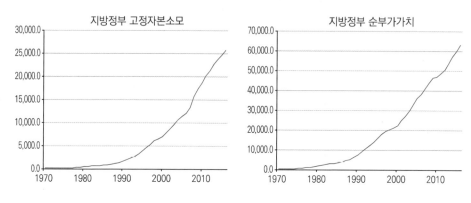

그림 7-20 일반정부의 부문별 총수입, 총지출, 저축투자차액(명목, 연간) 중
지방정부의 고정자본소모와 순부가가치 관련 동향 　　　(단위: 십억원)

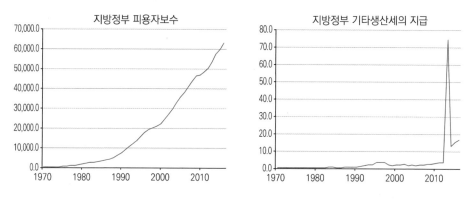

그림 7-21 일반정부의 부문별 총수입, 총지출, 저축투자차액(명목, 연간) 중
지방정부의 피용자보수와 기타생산세의 지급 관련 동향 　　　(단위: 십억원)

　한국은행의 경제통계시스템을 통하여 일반정부의 부문별 총수입, 총지출, 저축
투자차액(명목, 연간) 중 지방정부의 고정자본소모, 순부가가치, 피용자보수, 기타생
산세, 지급 관련 동향을 살펴보았다. 여기서 각각의 자료 기간은 1970년부터 2016
년까지의 연간 데이터이다(〈그림 7-20〉, 〈그림 7-21〉).

　이들 데이터에서도 지방정부의 순부가가치와 조세를 기반으로 하는 재정집행 등
의 경제적인 행위가 나타나 있다. 대체적으로 이와 같은 경제적인 행위 모두가 최

근 들어 급격한 증가 추세를 보이고 있다.

조세의 분류체계에 따른 직접적인 세제 체계와 간접적인 세제 체계상의 차이점은 다음과 같다. 직접적인 세제 체계의 특징으로는 먼저 조세 부담의 균등체계상 분산이 간접적인 세제 체계보다 쉽다. 둘째, 세금의 징수에 따른 납부에 지연이 발생할 수 있다. 셋째, 고소득층에게 보다 높은 조세 금액이 징수될 수 있다. 넷째, 조세의 정책적인 함의에 따른 보다 정교한 조세의 징수체계가 필요하다. 다섯째, 조세 징수에 대한 세금 납부에 대한 저항이 뒤따를 수 있다.

간접적인 세제 체계상의 특징은 다음과 같다. 첫째, 세금 징수의 안정적인 세수 확보가 용이하고 보다 체계적으로 세금을 징수하는 근거를 마련할 수 있다. 둘째, 세금 징수의 용이성으로 인하여 징수절차가 간편하고 정확한 세수 추계가 가능하다. 셋째, 조세 징수가 비교적 저렴하다. 넷째, 저소득층에게 보다 큰 세금 부담이 될 수 있다. 넷째, 경기변동에 영향을 받을 수 있다.

또 다른 직접적인 세제의 특징은 다음과 같다. 첫째, 대체로 중개인에 의한 세금 징수가 이루어진다. 둘째, 대부분의 세금의 징수의 중개인은 고용주이며, 이에 따른 세금의 징수 형태이다. 셋째, 위에 근거하여 과세 당국에 의한 직접 징수가 아니기 때문에 직장을 통하여 이루어지게 된다. 넷째, 과세를 납부하는 개개인들에 따라 과세 금액 등이 달라진다. 다섯째, 평균적으로 조세 납부세율이 변경될 수 있다.

표 7-8 직접적인 세제 체계와 간접적인 세제 체계상의 차이점

구 분	내 용
직접적인 세제 체계의 특징	첫째, 조세 부담의 균등체계상 분산이 간접적인 세제의 체계보다 쉽다는 것이다. 둘째, 세금의 징수에 따른 납부에 지연이 발생할 수 있다. 셋째, 고소득층에게 보다 높은 조세 금액이 징수될 수 있다. 넷째, 조세의 정책적인 함의에 따른 보다 정교한 조세의 징수체계가 필요하다. 다섯째, 조세 징수에 대한 세금 납부에 대한 저항이 뒤따를 수 있다.
간접적인 세제 체계의 특징	첫째, 세금 징수의 안정적인 세수 확보가 용이하고 보다 체계적으로 세금을 징수하는 근거를 마련할 수 있다. 둘째, 세금 징수의 용이성으로 인하여 징수절차가 간편하고 정확한 세수 추계가 가능하다. 셋째, 조세 징수가 비교적 저렴하다. 넷째, 저소득층에게 보다 큰 세금 부담이 될 수 있다. 넷째, 경기변동에 영향을 받을 수 있다.

그림 7-22 직접적인 세제 체계의 가장 큰 특징

직접적인 세제의 체계의 특징

↓

조세 부담의 균등체계 상 분산이 간접적인 세제 체계보다 쉽다는 점

↓

조세 징수에 대한 세금 납부에 대한 저항

그림 7-23 간접적인 세제 체계의 가장 큰 특징

간접적인 세제의 체계의 특징

↓

세금 징수의 안정적인 세수 확보가 용이

↓

체계적으로 세금을 징수하는 근거 마련

그림 7-24 일반정부의 부문별 총수입, 총지출, 저축투자차액(명목, 연간) 중
지방정부의 순영업잉여와 생산 및 수입세의 수취 관련 동향 (단위: 십억원)

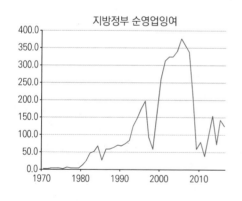

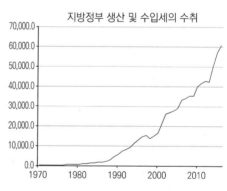

그림 7-25 일반정부의 부문별 총수입, 총지출, 저축투자차액(명목, 연간) 중
지방정부의 재산소득의 수취와 보조금의 지급 관련 동향 (단위: 십억원)

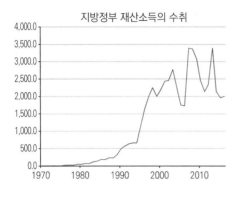
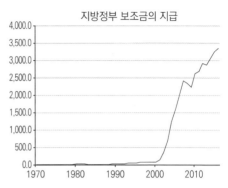

한국은행의 경제통계시스템을 통하여 일반정부의 부문별 총수입, 총지출, 저축
투자차액(명목, 연간) 중 지방정부의 순영업잉여, 생산 및 수입세의 수취, 재산소득의
수취, 보조금의 지급 관련 동향을 살펴보았다. 여기서 각각의 자료 기간은 1970년
부터 2016년까지의 연간 데이터이다(〈그림 7-24〉, 〈그림 7-25〉).

이 데이터에서도 지방정부의 조세 기반의 행위가 나타나 있는데, 공공서비스의
확대에 따른 영향으로 최근 들어 급증하는 양태를 보이고 있다.

간접적인 세제 체계상의 또 다른 특징은 다음과 같다. 첫째, 세금을 납부하도록
한 주체는 생산자일 수 있지만 실제로는 조세의 전가로 인하여 소비자도 일부 세
금을 부담할 수도 있다. 둘째, 위에 지적한 바와 같이 조세의 전가로 인한 가격의
상승분에 조세의 증가부분이 포함될 수 있다. 셋째, 개별적으로 전개되는 상황들에
대하여 세부적인 분류가 어렵다. 넷째, 구입하고자 하는 물건들에 의존하여 달라질
수 있다.

한편 조세를 징수하고 있는 정부에 따른 분류체계는 다음과 같다. 첫째, 조세를
징수하는 정부가 누구냐에 따라(중앙정부/지방정부) 국세와 지역 또는 지방에 국한된
세금 등으로 나눌 수 있다. 둘째, 세금 납부의무를 가진 객체에 따른 분류이다. 여
기에는 회사와 가계, 외국인들이 소유한 법인체, 금융업무의 기관들이 포함된다.

표 7-9 간접적인 세제 체계상의 또 다른 특징

구 분	내 용
간접적인 세제 체계상의 또 다른 특징	첫째, 세금을 납부하도록 한 주체는 생산자일 수 있지만 실제로는 조세의 전가로 인하여 소비자도 일부 부담할 수도 있다
	둘째, 위에 지적한 바와 같이 조세의 전가로 인한 가격의 상승분에 조세의 증가부분이 포함될 수 있다.
	셋째, 개별적으로 전개되는 상황들에 대하여 세부적인 분류가 어렵다.
	넷째, 구입하고자 하는 물건들에 의존하여 달라질 수 있다.

그림 7-26 조세를 징수하고 있는 정부에 따른 분류체계도

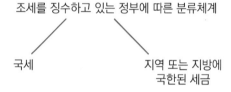

그림 7-27 일반정부의 부문별 총수입, 총지출, 저축투자차액(명목, 연간) 중 지방정부의 재산소득의 지급과 순본원소득 관련 동향   (단위: 십억원)

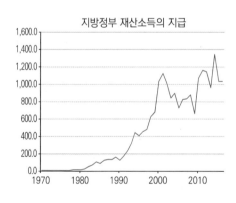

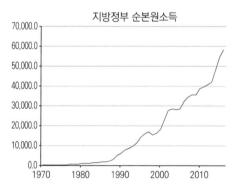

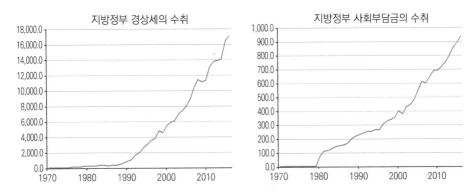

그림 7-28 일반정부의 부문별 총수입, 총지출, 저축투자차액(명목, 연간) 중
지방정부의 경상세의 수취와 사회부담금의 수취 관련 동향 　(단위: 십억원)

한국은행의 경제통계시스템을 통하여 일반정부의 부문별 총수입, 총지출, 저축
투자차액(명목, 연간) 중 지방정부의 재산소득의 지급, 순본원소득, 경상세의 수취,
사회부담금의 수취 관련 동향을 살펴보았다. 여기서 각각의 자료 기간은 1970년부
터 2016년까지의 연간 데이터이다(〈그림 7-27〉, 〈그림 7-28〉).

이들 데이터에서도 경제의 규모가 커짐에 따라 지방정부의 역할 증대로 최근 들어
조세를 기반으로 한 경제적인 행위가 급격하게 늘어나고 있음을 알 수 있다.

조세 분류 체계의 변화에 따른 양상은 다음과 같다. 고소득층에 대한 과세 부담
에 대하여 급진적인 견해와 이들에 대한 경제적인 활동 보장을 위해 과세 부담을
경감하자는 견해, 그리고 소득의 증가에 비례하여 세금 부담을 증가시키자는 견해
등으로 나뉘어져 있다. 이는 고소득층에게서 세금을 더 많이 징수하여 저소득층에
게 분배하는 것이 타당한가에 대한 견해들이다. 한편 세율에 대한 구조 변경을 통
하여 조세를 기반으로 한 사회적인 목표와 정치적인 목표가 달성 가능한지에 대하
여도 활발히 연구되고 있는 상황이다.

추가적으로 조세와 관련하여 알아두어야 할 것은 다음과 같다. 첫째, 탈세와 관
련된 것인데, 이는 불법 및 탈법적인 개인의 조작과 관련된 것으로 법규 위반인 것
은 당연하다. 실제에 있어서는 이루어질 수 없는 부분이다. 둘째, 세금 환급과 관
련된 것이다. 이는 세금의 법규 및 규칙 등을 통한 절세효과와 관련된 것이다. 즉,

법규 내에서 세금부담을 경감시키기 위하여 납세자들이 연말정산 등에서 세금을 납부한 부분에 대해 환급을 받는 것이다.

표 7-10 조세 분류 체계의 변화에 따른 양상

구 분	내 용
조세 분류 체계의 변화에 따른 양상	고소득층에 대한 과세 부담에 대하여 급진적인 견해와 이들에 대한 경제적인 활동 보장을 위한 과세 부담을 경감하자는 견해, 그리고 소득의 증가에 비례하여 세금 부담을 증가시키자는 견해 등으로 나뉘어 있다. 이는 고소득층에게서 세금을 더 많이 징수하여 저소득층에게 분배하는 것이 타당한가에 대한 견해들이다.
	한편 세율에 대한 구조 변경을 통하여 조세를 기반으로 한 사회적인 목표와 정치적인 목표가 달성 가능한지에 대하여도 활발히 연구되고 있는 상황이다.

그림 7-29 조세와 관련된 추가 사항

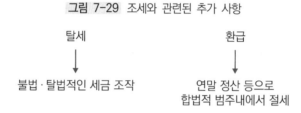

탈세　　　　　　　　　　　환급
↓　　　　　　　　　　　　↓
불법·탈법적인 세금 조작　　연말 정산 등으로
　　　　　　　　　　　　합법적 범주내에서 절세

그림 7-30 일반정부의 부문별 총수입, 총지출, 저축투자차액(명목, 연간) 중 지방정부의 의제사회부담금과 기타경상이전의 수취 관련 동향 (단위: 십억원)

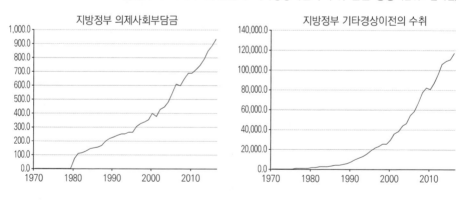

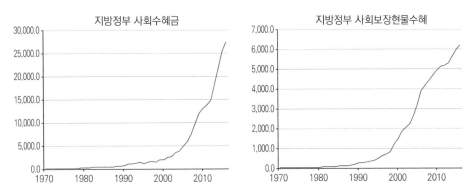

그림 7-31 일반정부의 부문별 총수입, 총지출, 저축투자차액(명목, 연간) 중
지방정부의 사회수혜금과 사회보장현물수혜 관련 동향 (단위: 십억원)

한국은행의 경제통계시스템을 통하여 일반정부의 부문별 총수입, 총지출, 저축투자차액(명목, 연간) 중 지방정부의 의제사회부담금, 기타경상이전의 수취, 사회수혜금, 사회보장현물수혜 관련 동향을 살펴보았다. 여기서 각각의 자료 기간은 1970년부터 2016년까지의 연간 데이터이다(〈그림 7-30〉, 〈그림 7-31〉).

이들 데이터에서도 지방 정부의 조세를 기반으로 한 역할 증대를 유추할 수 있다. 최근 들어 저출산 고령화의 문제로 인한 공공서비스의 확대와 정부의 지출 증가 등으로 급격한 증가 추세를 보이고 있다. 세율 구조의 변경 등을 통한 사회 및 경제적인 수혜 확대와 이와 같은 수혜 확대는 어느 정도가 적정하며 경제적으로 선순환(pro-circulation) 구조를 가져올 수 있는지 등과 관련된 연구가 계속되고 있는 상황이다.

제3절

효율성 및 조세 관계

그림 7-32 생산부문의 효율화 상태

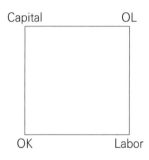 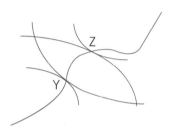

생산부문의 효율화 상태를 달성하기 위하여 노동력(Labor)와 자본(Capital)을 통하여 OK와 OL이라는 두 제품을 생산하고 OB와 OC라는 두 사람만이 존재하는 경제를 가정할 수 있다. 〈그림 7-32〉의 왼쪽의 그래프는 에지워스의 상자(Edge-Worth Box)로서 가로축은 노동력(Labor)이고 세로축은 자본(Capital)을 의미한다. 오른쪽의 그래프를 왼쪽 그래프와 정확하게 일치하도록 수평으로 왼쪽으로 이동시켜 왼쪽의 OK와 OL이라는 두 제품 생산의 출발점에 정확하게 일치시키도록 한다. 이 경우 OK와 OL를 지나가는 곡선은 능률적인 곡선이라고 하고, Y와 Z의 접선의 기울기를 한계적인 기술대체율(Marginal Rate of Technical Substitute)이라고 한다. 여기서 Y와 Z의 접선은 생산부문에 있어서의 등량적인 곡선(iso-quant curve)이라고 한다. 이 경우 Y점과 Z점의 접선의 기울기인 한계적인 기술대체율이 같을 때 생산부문의 효율화가 이루어졌다고 한다.

마찬가지로 소비부문의 효율화를 달성하기 위하여 OK와 OL라는 두 제품에 대하여 소비자들은 OB와 OC 라는 두 사람만이 존재하는 경제를 가정할 수 있다. 〈그림 7-33〉의 왼쪽의 그래프는 에지워스의 상자(Edge-Worth Box)로서 가로축은 OK라는 제품이고 세로축은 OL라는 제품을 의미한다. 오른쪽의 그래프를 왼쪽 그래프와 정확하게 일치하도록 수평으로 왼쪽으로 이동시켜 왼쪽의 OB와 OC라는 두 소비자의 소비의 출발점에 정확하게 일치시키도록 한다. 이 경우 OB와 OC를 지나가는 곡선은 계약적인(contractive) 곡선이라고 하고, Y와 Z의 접선의 기울기를 한계적인 대체율(Marginal Rate of Substitute)이라고 한다. 여기서 Y와 Z의 접선은 소비부문에 있어서의 만족감을 나타내는 같은 효용 수준을 의미하는 무차별적인 곡선(indifferent curve)을 의미한다. 이 경우 Y점과 Z점의 접선의 기울기인 한계적인 대체율이 같을 때 소비부문의 효율화 조건이 달성되었다고 한다.

그림 7-33 소비부문의 효율화 상태

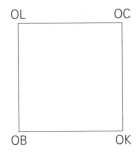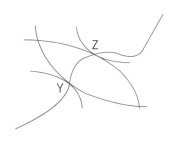

파레토의 최적상태를 달성하기 위하여 노동력(Labor)와 자본(Capital)을 통하여 OK와 OL이라는 두 제품을 생산하는데 〈그림 7-34〉에서 왼쪽의 그래프의 OC점을 지나가는 둥근 모양의 곡선은 그 나라의 노동력과 자본을 가지고 경제부문의 전체에서 최대로 생산해 낼 수 있는 생산가능한 곡선(production possibility frontier)을 의미한다. 여기에 〈그림 7-33〉에서와 같이 소비부문의 효율화 상태를 의미하는 오른쪽 그래프를 왼쪽의 OB와 OC라는 두 사람의 소비자만이 존재하는 점에 일치시킬 때 OC를 지나가는 직선의 기울기와 한계대체율을 의미하는 Y점과 Z점 모두 혹은 Y점 또는 Z점 중에서의 접선의 기울기와 정확하게 일치할 경우 생산과 소비를 통한 종합적인 효율화(파레토 상의 최적 또는 효율성의 조건 달성) 상태를 달성하였다고 한다. 그

리고 OC점을 지나가는 기울기를 한계적인 전환율(Marginal Rate of Transformation)이라고 한다.

그림 7-34 생산과 소비를 통한 종합적인 효율화 상태

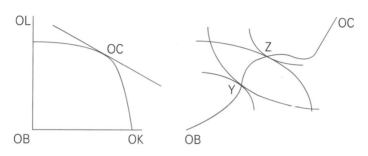

한편 공평성 또는 공정성을 확보하기 위하여 소득재분배의 기능을 국가가 수행하게 되는데, 〈그림 7-35〉는 간접적인 조세체계(생산업자에게 세금 부과 시 수평 이동)를 의미하고, 〈그림 7-36〉은 간접적인 조세체계(소비자들에게 세금 부과 시 수평 이동)에 해당한다.

그림 7-35 간접적인 조세체계(생산업자에게 세금 부과 시 수평 이동)

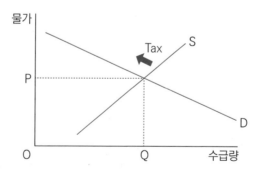

〈그림 7-35〉는 간접적인 조세체계를 의미하는데, 주로 부피나 크기, 양에 대하여 세금을 부과시키는 종량세적 과세에 해당한다. 여기서 세금을 생산업자에게 부

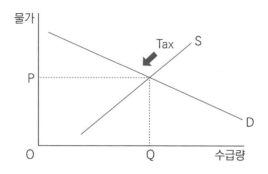
그림 7-36 간접적인 조세체계(소비자들에게 세금 부과 시 수평 이동)

과하였을 경우 가격의 상승과 수급량의 감소를 초래하도록 생산업자는 세금과 관련하여 소비자들에게 가격 인상을 통하여 전가(transfer)시키는 양상을 나타낸다고 가정할 수 있다. 이에 따라 과세당국의 원래 의도와는 달리 공평성을 제기하기 위하여 종량세적인 과세를 하였을 경우 조세의 귀착문제가 발생하게 된다. 소비자들은 가격상승에 따른 소비자의 잉여(consumer's surplus)의 감소로 세금을 납부하게 되고, 생산업자들은 생산자의 잉여(producer's surplus)의 감소로 세금을 납부하게 된다는 것이다. 한편 상대적인 부담은 수요와 공급의 탄력성의 크기에 따라 다르게 나타난다.

한편 〈그림 7-36〉은 소비자들에게 종량세(간접세)적인 과세를 하였을 경우에 해당하는데, 과세 전의 수요곡선에 비하여 과세된 후에 수요곡선이 하향 이동하는 모습을 나타내고 있다. 이는 세금을 납부한 후의 가처분 소득이 줄어드는 양상이 반영된 결과로 판단된다. 이에 따라 수요곡선상에서 소비자들이 소비를 할 경우 이전과 같은 가격 수준에서 비교할 때 더 높은 수준의 가격(이 차이가 세금 납부이며 소비자 잉여의 감소분)에서 지불하게 된다. 생산자들은 이전과 같은 가격 수준에서 생산자 잉여의 감소분인 낮은 수준의 가격을 받게 된다.

독점적인 시장체계에서는 완전경쟁시장 체계와 달리 생산량을 줄여서 가격을 높이며 〈그림 7-37〉에서와 같이 세로축은 P와 AC 사이의 높이에 가로축은 0Q의 면적만큼 독점적인 이윤(Monopolistic Profit)을 추구한다. 여기서 한계적인 수입곡선

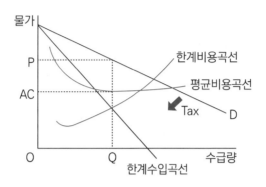

그림 7-37 독점(Monopoly)적인 시장체계에서 소비자들에게 종량세적 부과

은 수요곡선의 절반(0에서부터 수요곡선까지의 거리)에 해당하는 그래프이다. 여기서 한계적인 수입곡선(Marginal Revenue)은 한계적인 비용곡선(Marginal Cost)과 만나는 점에서 수직으로 수요곡선 상의 점에서 가격과 수요와 공급량이 결정되는 것이다. 그런데 여기서 종량세적인 세금부과가 소비자들에게 이루어질 경우, 〈그림 7-37〉과 같이 수요곡선이 하향이동하고 이에 따라 한계수입곡선도 하향이동(가로축방향으로 수직 하향이동)하게 된다. 이러한 결과로 인하여 독점적인 이윤도 감소하고 수요와 공급량도 감소하며 소비자는 이전과 같은 가격 수준에서 비교할 때 더 높은 수준의 가격(이 차이가 세금 납부이며 소비자 잉여의 감소분)에서 지불하게 된다. 생산자들은 이전과 같은 가격 수준에서 수요곡선의 수직 하향이동으로 이동하는 부분만큼 낮

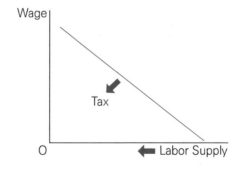

그림 7-38 직접적인 조세체계(세금부과 시 왼쪽 부분에 감소폭이 더 큰 경우)

은 수준의 가격을 받게 된다.

이와 반면에 〈그림 7-38〉은 직접적인 조세체계를 의미하는데, 주로 임금이나 가격과 같은 형태에 대하여 세금을 부과시키는 종가세적 과세에 해당한다. 여기서 시간단위당의 임금(Wage)에 대하여 세금을 부과하였을 때 화살표 방향으로 이동하여 고소득계층이 상대적으로 저소득계층보다 많은 양의 세금을 납부하도록 하는 것이다. 여기서 노동량(Labor)은 오른쪽으로부터 왼쪽의 방향으로 이동하였을 경우 더 많은 노동량을 투입하여 더 높은 수준의 시간단위당의 임금 수준을 얻고, 반면에 더 적은 양의 여가사용(leasure)을 하게 된다는 것을 나타낸다.

근로소득에 대한 세금부과 시에는 $C_0 + \dfrac{C_1}{1+r} = Y_0$라는 일반적인 식에서 C_0는 현재 소비이고 C_1는 미래 소비, Y_0는 현재 소득수준, r은 이자율(분모인 경우 할인율)이라고 가정한다. 그리고 0과 1이라는 하첨자에서 0은 현재이고 1은 미래 1기 이후라고 하자. 이 경우 근로소득에 대한 세율(t)의 부과는 $Y_0 = tY_0$ 만큼이고, 이자소득에 대한 세율 부과는 $r - tr$ 만큼 발생한다. 이에 따라 근로소득에 대한 세금부과는 정상적인 보통재를 가정할 경우 현재 소비와 미래 소비 모두 감소하게 된다. 한편 이자소득에 대한 세금 부과는 소비와 저축(소득 중에서 소비하고 남은 나머지는 모두 저축한다고 정의)이 대체적인 성격을 가질 경우에 있어서는 〈그림 7-39〉의 오른쪽 그래프에서 S점과 같이 현재 소비를 늘리고 동시에 저축을 감소시키는 방향으

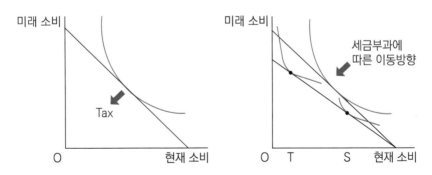

그림 7-39 근로소득에 대한 세금부과(왼쪽)와 이자소득에 대한 세금 부과(오른쪽)

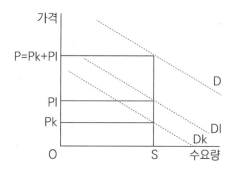

그림 7-40 순수 공공재화 및 공공서비스에 대한 수요곡선

로 이동하게 된다. 반면에 소득효과(income effect)가 발생할 경우 T점과 같이 가처분소득의 감소로 인하여 현재 소비를 감소시켜서 저축을 늘리게 된다.

순수 공공재화 및 공공서비스에 대한 수요곡선(〈그림 7-40〉)은 세로로 더해서 시장수요곡선(market demand curve)을 구하게 되는데, 그 이유는 k와 l이라는 두 사람의 소비자들만이 있는 시장이 있다고 가정할 때, 이들의 공공재에 대하여 소비하려는 가격 수준이 다르기 때문이다. 따라서 이러한 공공재화와 공공서비스의 공급에 있어서는 무임승차적인 문제 등이 발생되고 한계비용이 0이 되어 가격 수준도 0으로 되어 공급이 되지 않는 경우가 발생하게 된다.

한편 일반적으로 시장경제 체제에서는 화폐 한 단위의 한계효용이 균등한 가중된(단순한 포함) 한계효용균등의 법칙이 성립되어 화폐의 1단위의 한계적인 효용을 1이라고 가정할 경우 각각의 가격은 각각의 한계효용과 같게 되고 결국 수요곡선상에서 각각의 재화들의 한계가치가(MV, marginal value) 각각의 재화들의 가격과 일치하게 된다. 따라서 한계가치곡선(marginal value curve)이 곧 수요곡선(demand curve)이 되는 것이다. 또한 공급에 있어서도 완전경쟁시장을 가정하고 있음으로 생산량의 결정이 한계적인 비용(marginal cost) 곡선상에서 이루어지므로 공급곡선(supply curve)과 일치하게 된다.

사회 전체적으로는 조세납부와 관련하여서는 〈그림 7-41〉 조세의 납부에 따른 편익인 한계효용과 〈그림 7-42〉 조세의 납부에 따른 비용발생의 한계불효용(한계

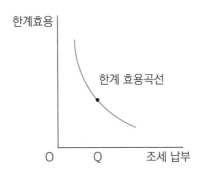

그림 7-41 조세의 납부에 따른 편익인 한계효용

한계효용

한계 효용곡선

O Q 조세 납부

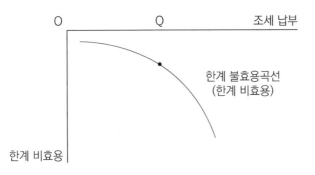

그림 7-42 조세의 납부에 따른 비용발생의 한계불효용(한계비효용 부분)

O Q 조세 납부

한계 불효용곡선
(한계 비효용)

한계 비효용

비효용 부분)과 같이 조세를 납부하였을 때, 즉 Q점에서 정확하게 조세납부에 따라 편익인 한계효용과 비용 발생에 따른 한계불효용(한계비효용 부분)이 일치하게 될 때 가장 적정수준의 조세를 납부하고 있으며, 적정규모의 공공재를 생산하는 것으로 이해할 수 있다.

어느 경제체제에 있어서 자원에 대하여 최상의 효율성을 갖고 분배를 하였을 경우 소비자가 이를 통하여 얻게 되는 최대 효용 가능한 수준에 대하여 효용가능의 경계 (utility possibility frontier)선에 놓여 있다고 한다.

한편 칼도와 힉스에 의한 보상준칙과 스키토브스키 준칙으로 이러한 효용가능의 경계와 관련하여 설명할 수 있는데, 전자의 경우에는 가상적으로 보상체계에 대하여 이익을 얻는 사람이 손실을 보게 되는 사람에 대하여 손실에 해당되는 것에 대하여 지불하고서도 남는다면 이러한 변화를 개선되는 것으로 보는 개념이다. 한편 후자는 칼도와 힉스에 의한 보상준칙에 의하여 적용해 보았을 때 이것이 개선된 것임을 알게 되고, 동일하게 그것의 역방향으로 변화시켰을 때 칼도와 힉스에 의한 보상준칙이 성립되지 않는다는 것이 밝혀졌을 경우 이 경우에 이러한 변화에 대하여 개선된 것이라 정의할 수 있다고 한다.

그림 7-43 효용가능의 경계(utility possibility frontier)선

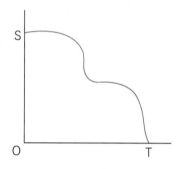

연습문제

✎ 연습문제 7-1

펠츠만(Peltzman)의 중간이하의 소득자들에 대한 소득분배와 선거에 대한 견해에 대하여 설명하시오.

> 정답 중간이하의 소득자들에 대한 소득분배와 관련된 공약을 통하여 선거에서 유리한 국면이 형성될 수 있음을 지적하고 있다.
> 즉 당연히 그는 선거 후보자가 유권자 층이 더 많은 잠재적인 지지자들과의 경제관에서 유사점이 많을수록 선거에서 더욱 유리성을 가짐을 시사하고 있는 것이다.

✎ 연습문제 7-2

펠츠만(Peltzman)의 공정성의 증대효과에 대하여 설명하시오.

> 정답 선거에서 절대 다수를 차지하는 소득 계층이 중간이하의 계층이므로 이들에 대하여 고소득계층보다 큰 소득분배가 이루어져야 함을 지적하고 있다.
> 이들과 이들의 자녀에 대한 교육 기회를 확대하여야 공정성의 증대효과를 가져올 수 있으며, 이러한 과정에서 중앙정부에 있어서의 크기가 증대하는 경향이 있음을 나타내고 있다.

✎ 연습문제 7-3

뮬러(Mueller)의 정부관에 대하여 설명하시오.

> 정답 정부의 소득 분배에 대한 공정성 향상이 정부 부문의 크기 증가로 반영되고, 이는 다시 정부 부문에 대한 예산에 있어서의 크기가 증가하는 현상이 발생되고 있음을 지적하고 있다.

하지만 그는 소득 재분배가 정부 부문의 규모에 있어서 증가를 일으키는 유일한
변수임을 나타내기에는 부적당한 측면이 있음을 주장하였다.

✎ 연습문제 7-4

뮬러(Mueller)와 머렐(Murrell)의 이익집단과 정부 부문의 견해에 대하여 설명하시오.

> 정답 이익집단에 의하여 정부 부문의 크기가 결정된다는 것을 실증적으로 나타냈다.
> 이익집단이 정부에 대하여 지지를 하고 정부는 이들에 대하여 혜택을 제공할 수 있는
> 정치적인 프로세스가 있을 수 있음을 실증적으로 보여준 것이다.
> 하지만 현실에서는 정부는 특정 이익집단에 대하여 혜택을 부여하면 다른 이익집단
> 에는 차별적인(differential) 불만 요인이 될 수 있기 때문에 그렇게 되지는 않을 수도
> 있다.

✎ 연습문제 7-5

정부와 이익집단과의 관계(가정) 분석에 대하여 설명하시오.

> 정답 정부가 특정한 이익 집단에 대한 혜택을 주게 되면, 다른 이익 집단에도 똑같은 혜
> 택을 주어야 하기 때문에 정부 부문의 증대가 불가피하게 될 수도 있다.
> OECD에 해당하는 국가들에 대하여 미시 계량경제적인 분석을 하였을 때, 이론적
> 으로는 대체로 이익 집단과 관련된 수가 증가할 때 정부의 규모가 커질 수 있음을
> 실증적으로는 나타난 바 있다.

✎ 연습문제 7-6

조세 체계와 조세의 정의에 대하여 설명하시오.

> 정답 정부를 통해 납부되고 납부한 사람에게 그대로 세금의 편익(benefit)이 되돌아가지
> 않는다는 체계를 가지고 있다.
> 1996년 OECD도 조세에 대한 정의(definition)에서 정부를 통해 납부하는 세금이 그
> 대로 그 세금을 납부한 사람에게 지불되지는 않는다고 결론을 내리고 있다.

✎ 연습문제 7-7

조세에 대한 OECD기준의 분류 체계에 대하여 설명하시오.

> **정답** 과세의 대상에 따른 분류와 국제적인 비교 통계에 따른 분류 등이 있다.

✎ 연습문제 7-8

직접적인 세제 체계와 간접적인 세제 체계상의 차이점에 대하여 설명하시오.

> **정답** 직접적인 세제 체계의 특징은 다음과 같다. 첫째, 조세 부담의 균등체계상 분산이 간접적인 세제의 체계보다 쉽다. 둘째, 세금의 징수에 따른 납부에 지연이 발생할 수 있다. 셋째, 고소득층에게 보다 높은 조세 금액이 징수될 수 있다 넷째, 조세의 정책적인 함의에 따른 보다 정교한 조세의 징수체계가 필요하다. 다섯째, 조세 징수에 대한 세금 납부에 대한 저항이 뒤따를 수 있다.
> 간접적인 세제 체계의 특징은 다음과 같다. 첫째, 세금 징수의 안정적인 세수 확보가 용이하고 보다 체계적으로 세금을 징수하는 근거를 마련할 수 있다. 둘째, 세금 징수의 용이성으로 인하여 징수절차가 간편하고 정확한 세수 추계가 가능하다. 셋째, 조세 징수가 비교적 저렴하다. 넷째, 저소득층에게 보다 큰 세금 부담이 될 수 있다. 넷째, 경기변동에 영향을 받을 수 있다.

✎ 연습문제 7-9

간접적인 세제 체계상의 세부적인 특징에 대하여 설명하시오.

> **정답** 첫째, 세금을 납부하도록 한 주체는 생산자일 수 있지만 실제로는 조세의 전가로 인하여 소비자도 일부 세금을 부담할 수도 있다.
> 둘째, 조세의 전가로 인한 가격의 상승분에 조세의 증가부분이 포함될 수 있다.
> 셋째, 개별적으로 전개되는 상황들에 대하여 세부적인 분류가 어렵다.
> 넷째, 구입하고자 하는 물건들에 의존하여 달라질 수 있다.

✎ 연습문제 7-10

조세 분류 체계의 변화에 따른 양상에 대하여 설명하시오.

> 정답 고소득층에 대한 과세 부담에 대하여 급진적인 견해와 이들에 대한 경제적인 활동
> 보장을 위한 과세 부담을 경감하자는 견해, 그리고 소득의 증가에 비례하여 세금 부
> 담을 증가시키자는 견해 등으로 나뉘어져 있다. 이는 고소득층에게서 세금을 더 많
> 이 징수하여 저소득층에게 분배하는 것이 타당한가에 대한 견해들이다.
> 한편 세율에 대한 구조 변경을 통하여 조세를 기반으로 한 사회적인 목표와 정치적인
> 목표가 달성 가능한가에 대하여도 활발히 연구되고 있는 상황이다.

● ● ● 참고문헌Reference

Baumol, WV, J. and Bowen, NV. G.(1966), *Performing Arts: The Economic Dilemma.* New York.

Clark, A., and Oswald, A.,(1996), "Satisfaction and comparison income", *Journal of Public Economics,* 61(3).

http://ecos.bok.or.kr/

Lorenz, M.O.(1905), "Methods of measuring the concentration of wealth", *Quarterly Publications of the American Statistical Association,* 9(New Series, No. 70).

Meltzer, A. H. and Richard, S. F.(1981), "A Rational Theory of the Size of Government", *The Journal of Political Economy,* 89(5).

Mueller, D, C.(1976), "Public Choice: A Survey", *Journal of Economic Literature,* 14(2).

Mueller, D. C., and Murrell, P.(1983), "Interest groups and the size of government", IIM Working Paper 1983－1, *International Institute of Management,* Berlin.

Peacock, A. T. and Wiseman, J.(1961), "The Grrowth of Public Expenditure in the United Kingdom", Princeton University Press, Princeton.

Peltzman, S.(1984), "Constituent Interest and Congressional Voting," *Journal of Law and Economics,* 27(1).

Wagner, R. E.(1986a), "Liability Rules, Fiscal Institutions, and the Debt", In J.M. Buchanan, C. K. Rowley, and R. D. Tollison(eds.), *Deficits*(Oxford: Basil Blackwell)

김종권

성균관대학교 경제학사 졸업
서강대학교 경제학석사 졸업
서강대학교 경제학박사 졸업
대우경제연구소 경제금융연구본부 선임연구원
LG투자증권 리서치센터 책임연구원
한국보건산업진흥원 정책전략기획단 책임연구원
현재 신한대학교 글로벌통상경영학과 부교수
　　　한국국제금융학회 이사
　　　한국전문경영인학회 이사

재정학과 실무

초판발행	2017년 12월 20일
지은이	김종권
펴낸이	안종만
편 집	전은정
기획/마케팅	손준호
표지디자인	김연서
제 작	우인도 · 고철민
펴낸곳	(주) 박영사
	서울특별시 종로구 새문안로3길 36, 1601
	등록 1959. 3. 11. 제300-1959-1호(倫)
전 화	02)733-6771
f a x	02)736-4818
e-mail	pys@pybook.co.kr
homepage	www.pybook.co.kr
ISBN	979-11-303-0491-5　93320